この本の特色としくみ

本書は，中学３年間のすべての内容を３段階のレベルに分けて取り組むことができる，ハイレベルな問題集です。各単元には StepA（標準問題）と StepB（応用問題）があり，各章には複数の単元内容をまとめた StepC（難関レベル問題）があります。

StepA を通して単元内容のポイントを確認し，さまざまな出題形式や記述問題を盛り込んだ StepB に取り組むことで，解き方や答え方の理解をさらに深めていくことができます。また，StepC や，巻末の「総合実力テスト」を用いて実戦力を身につけていくことで，入試対策へと繋げていくこともできます。

重要　特に重要な問題につけています。

難　難度が高い問題につけています。

読解のポイント　StepAの最後に重要なポイントをまとめています。

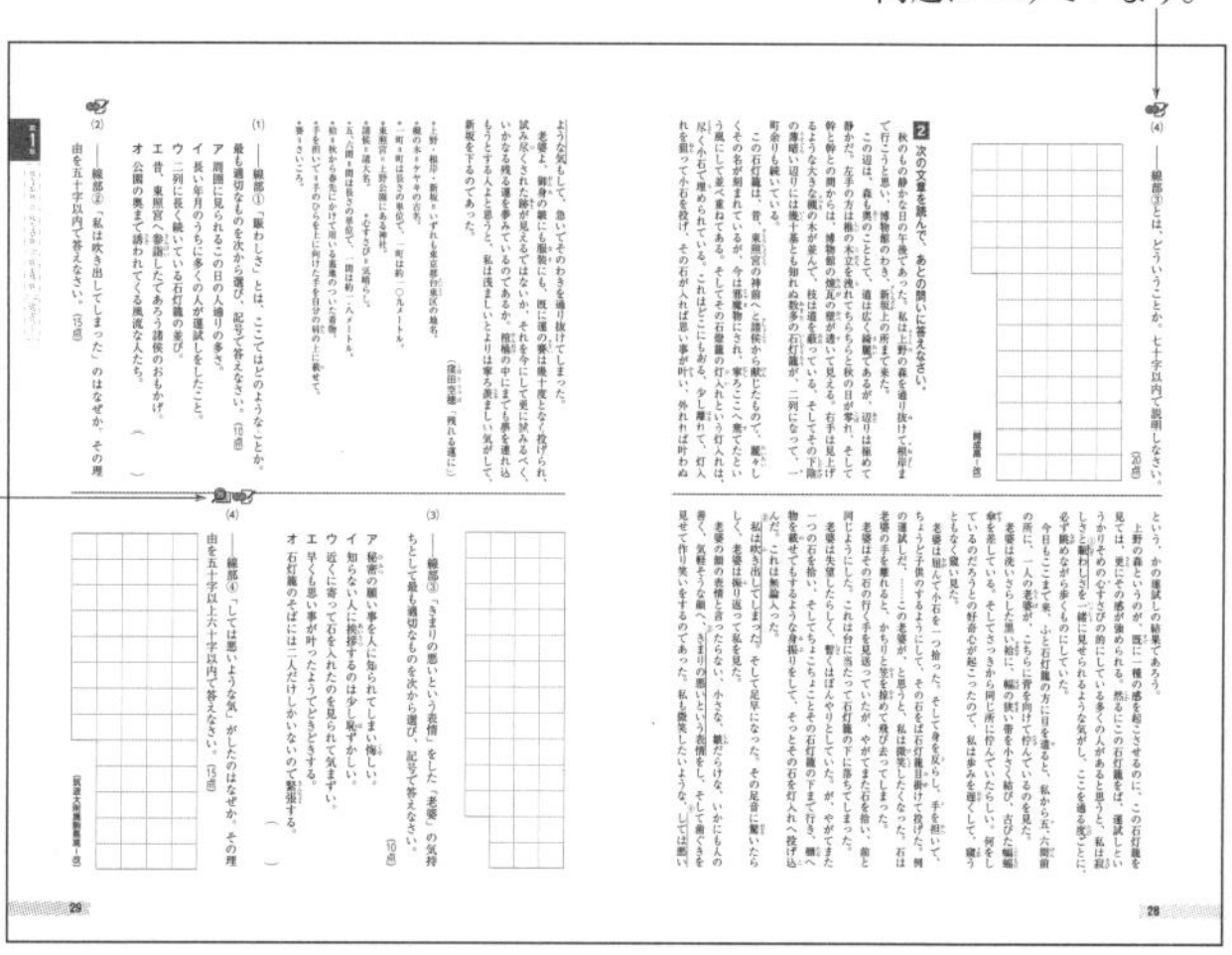

記述　さまざまな形式の記述問題につけています。

CONTENTS　目次

本書に関する最新情報は，小社ホームページにある**本書の「サポート情報」**をご覧ください。（開設していない場合もございます。）
なお，この本の内容についての責任は小社にあり，内容に関するご質問は直接小社におよせください。

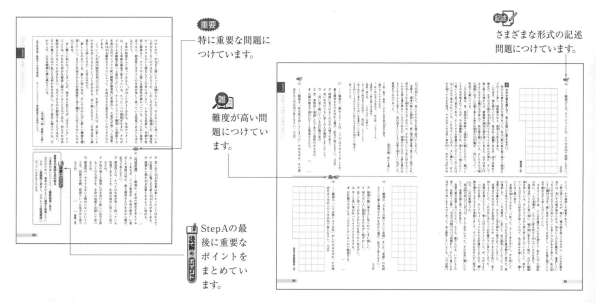

1 小説①

心情を読み取る

Step A　Step B　Step C

解答▼別冊1ページ

月　日

1 次の文章を読んで、下の問いに答えなさい。

　岳央《たけお》は、調教した鷹《たか》を使って野ウサギなどの小動物を捕《と》る「鷹匠《たかじょう》」になることを目指している。師匠《ししょう》から弟子入りを許され、一羽の角鷹《くまたか》を訓練することになった。

　目と鼻の先、ほとんど触《ふ》れそうなところに、鋭《するど》い嘴《くちばし》と①黄金《こがね》色の瞳《ひとみ》があった。ロウソク一本の乏《とぼ》しい明かりの下では、鷹の目には、岳央の顔しか見えていないはずだ。自分が、夢にまで見た鷹を据《す》えた姿にあることが、信じられなかった。しかしいま、確かに一羽の角鷹が、自分の腕《うで》に乗っている。

　言葉に表せないさまざまな感情が渦《うず》を巻き、②歓喜《かんき》を伴《ともな》って迫《せ》り上がってくる。しかし、その感情に身を任せることは許されない。あくまでも平静に、そして注意深く、鷹との無言の対話に心を集中しなければならない。それが、鷹匠へと至る道の第一歩であった。《中略》

　——よろしくな。これからずっと、おれとおまえは友達だ。

　岳央は声に出さずに呟《つぶや》いた。

　むろん、鷹は答えない。

　夜目が利《き》かない鷹にしてみれば、暗い明かりのなかでは、岳央が左腕《さわん》に嵌《は》めている籠手《こて》＊の上から動けずにいるだけなのだろう。岳央がこれからの自分のパートナーになるとはまったく考えていないだろうし、目の前の人間に頼《たよ》る気など、さらさらないに違《ちが》いない。

　鷹は、自分から人間に歩み寄ってくることはない、と師匠は言う。鷹に身を捧《ささ》げ、人間の側から歩み寄るしか、この孤高《ここう》＊の存在と一体になれる方法はないのだという。そのためには、世俗《せぞく》にまつわる多くのものを捨てることになる。

　それでいい、と岳央は思う。

　それこそが自分の望んだ世界だった。

　三日前、調整と訓練をはじめる際、師匠から問われたことを思い出す。

(1) **[「と」の識別]** ——線部①「と」と同じはたらきのものを次から一つ選び、記号で答えなさい。

ア 快晴から一転して雨となった。
イ 誕生日にケーキと贈《おく》り物を用意した。
ウ 「明日から夏休みだ。」と彼《かれ》が言った。
エ 友達と一緒《いっしょ》に遊びに行った。

（　　）

(2) **[内容把握]** 本文には、「現在の場面」と「回想の場面」がある。「回想の場面」を抜《ぬ》き出し、初めと終わりの五字を答えなさい。ただし、句読点等も字数に含《ふく》める。

□□□□□ 〜 □□□□□

重要　記述

(3) **[心情把握]** ——線部②「歓喜」とあるが、このときの岳央にこのような感情が起こったのはどうしてか。その理由を二十五字以内で答えなさい。

□□□□□□□□□□□□□□□□□□□□□□□□□

　鷹小屋から調整用の鷹部屋へと移した鷹は、籠手から飛び立ちやすくするために、爪《つめ》の先端《せんたん》をヤスリで削《けず》っておく。その作業が終わり、鷹を暗箱へ入れる前に、師匠が訊《き》いた。

「この鷹はまだ若い。おまえが上手に扱《あつか》えるようになれれば、少なくとも、あと二十年以上は生きるだろう」

「はい」

「言っている意味がわかるか」

「はい、いや――わかりません」

「馬鹿者《ばか》」

「すいません」

「この鷹が生き続ける限り、おまえは鷹に縛《しば》られて生きていかなければならん」

「はい」

「人並みの暮らしや幸福を望んだ瞬間《しゅんかん》、おまえはこの鷹を殺すことになる」

「はい」

「鷹のためにおまえのすべてを捧げる覚悟《かくご》はあるか」

「あります」

「ほんとうか」

「はい」

「いいだろう」

　それだけの会話だったが、いまこうして拳《こぶし》に鷹を据えていると、どれだけ重い言葉を師匠が口にしたか、実感を伴って迫《せま》ってくる。

「神室《かむろ》――」と岳央は、鷹の名前を呟いた。

「おれはおまえを決して不幸にはしない」

　たとえれば、愛する者への囁《ささや》きとまったく同じ言葉であるが、いまの岳央には、きわめて自然なものだ。

　角鷹は、相変わらず超然《ちょうぜん》としたまま、そばの人間を半ば無視するように、籠手の上に佇《たたず》んでいる。③岳央には、その姿がむしろ頼《たの》もしく見えた。（熊谷達也《くまがいたつや》「はぐれ鷹」）

＊籠手＝鷹を乗せるために腕をおおう用具。　＊孤高＝ひとりだけで誇《ほこ》り高くしていること。

重要
(4) 【心情把握】――線部③の岳央の気持ちとして最も適切なものを次から選び、記号で答えなさい。

ア 角鷹はそっけない態度であるが、愛情がひそかに伝わっている様子も見え、今後一緒に成長できることを楽しみにしている。
イ 角鷹の何事にも関心を示さない態度に、強い精神力が感じられ、厳しい訓練を乗り越《こ》えて立派な鷹になることを信じている。
ウ 角鷹の人を相手にせず平然としている態度には、人間を寄せつけない厳しさがあり、何事にも動じない力強さを感じている。
エ 角鷹が人を無視するような態度を示すのは、人間に不慣れなためであり、そこに野生動物が持つ独立心の強さを感じている。

（　　）〔宮城－改〕

読解のポイント

❶ 場面・状況設定《じょうきょう》・登場人物などをつかむ
　小説の場合、書き出しに多くの情報が集中して表現されることが多い。限られた時間で設問に答えなければならないため、特に冒頭《ぼうとう》部分を丁寧《ていねい》に読むことで、情報を素早《すばや》くつかむ習慣をつけよう。

❷ 場面や登場人物の心情の変化をつかむ
　場面の変化や心情の変化をつかむことが重要。設問も、その変化を読み取る問題が多い。

時間	合格点	得点
30分	80点	点

月　日

解答▼別冊1ページ

1 次の文章を読んで、あとの問いに答えなさい。

〔小十郎《こじゅうろう》は熊捕《くまと》りをして生活している猟師《りょうし》である。小十郎は、自分が四十歳《さい》の時に妻と息子を赤痢《せきり》で失った。今は九十歳の母と、五人の孫と一緒《いっしょ》に生活をしており、生活費は小十郎一人が稼《かせ》いでいる。〕

ある年の夏こんなようなおかしなことが起《おこ》ったのだ。

小十郎が谷をばちゃばちゃ渉《わた》って一つの岩にのぼったらいきなりすぐ前の木に大きな熊が猫《ねこ》のようにせなかを円くしてよじ登っているのを見た。小十郎はすぐ鉄砲《てっぽう》をつきつけた。犬はもう大悦《よろこ》びで木の下に行って木のまわりを烈《はげ》しく馳《は》せめぐった。

すると樹《き》の上の熊はしばらくの間おりて小十郎に飛びかかろうかそのまま射《う》たれてやろうか思案しているらしかったがいきなり両手を樹からはなして［A］落ちて来たのだ。小十郎は油断なく銃《じゅう》を構えて打つばかりにして近寄って行ったら熊は両手をあげて叫《さけ》んだ。

「おまえは何がほしくておれを殺すんだ。」

「ああ、おれはお前の毛皮と、胆《きも》のほかにはなんにもいらない。それも町へ持って行ってひどく高く売れると云《い》うのではないしほんとうに気の毒《どく》だけれどもやっぱり仕方ない。けれどもお前に今ごろそんなことを云われるともうおれなどは何か栗《くり》か*しだのみでも食っていてそれで死ぬならおれも死んでもいいような気がするよ。」

「もう二年ばかり待って呉《く》れ、おれも死ぬのはもうかまわないようなもんだけれども少しし残した仕事もあるしただ二年だけ待ってくれ。二年目にはおれもおまえの家の前でちゃんと死んでいてやるから。毛皮も胃《い》袋《ぶくろ》もやってしまうから。」

小十郎は①変な気がしてじっと考えて立ってしまいました。熊はそのひまに足うらを全体地面につけてごく［B］歩き出した。小十郎はやっぱり［C］立っていた。熊はもう小十郎がいきなりうしろから鉄砲を射ったり決してしないことがよくわかってるという風でうしろも見ないでゆっくりゆっくり歩いて行った。そしてその広い赤黒いせなかが木の枝の間から落ちた日光にちらっと光ったとき小十郎は、う、うとせつなそうにうなって谷をわたって帰りはじめた。それから丁度二年目だったがある朝小十郎があんまり風が烈しくて木もかきねも倒《たお》れたろうと思って外へ出たらひのきのかきねはいつものようにかわりなくその下のところに始終見たことのある赤黒いものが横になっているのでした。丁度二年目だしあの熊がやって来るかと少し心配するようにしていたときでしたから小十郎は［D］してしまいました。そばに寄って見ましたらちゃんとあのこの前の熊が口からいっぱいに血を吐《は》いて倒れていた。小十郎は思わず②拝むようにした。

一月のⓐある日のことだった。小十郎は朝うちを出るときいままで云ったことのないことを云った。

「婆《ば》さま、おれも年老《と》ったでばな、今朝まず生《うま》れで始めで水へ入るの嫌《や》んたよな気するじゃ。」

すると縁側《えんがわ》の日なたで糸を紡《つむ》いでいた九十になる小十郎の母はその見えないような眼《め》をあげてⓑちょっと小十郎を見て何か笑うか泣くかするような顔つきをした。小十郎はわらじを結《ゆわ》えてうんとこさと立ちあがって出かけた。子供らはかわるがわる厩《うまや》の前から顔を出して「爺《じ》さん、早くお出《で》や。」と云って笑った。小十郎はまっ青なつるつるした空を見あげてそれから孫たちの方を向いて「行って来るじゃい。」と云った。

小十郎はまっ白な堅雪《かたゆき》の上を白沢の方へのぼって行ったⓒ。

犬はもう息をはあはあしⓓ赤い舌を出しながら走ってはとまり走ってはとまりして行った。間もなく小十郎の影《かげ》は丘《おか》の向《むこ》うへ沈《しず》んで見えなくなってしまい子供らは稗《ひえ》の藁《わら》でふじつきをして遊んだ。《中略》

やっと崖《がけ》を登りきったらそこはまばらに栗の木の生えたごくゆるい斜《しゃ》面《めん》の平《たい》らで雪はまるで＊寒水石《かんすいせき》という風にギラギラ光っていたしまわりをずうっと高い雪のみねがにょきにょきつったっていた。小十郎がその頂上でやすんでいたときだいきなり犬が X のついたように咆《ほ》え出した。小十郎がびっくりしてうしろを見たらあの夏に Y をつけて置いた大きな熊が両足で立ってこっちへかかって来たのだ。

（宮澤賢治《みやざわけんじ》「なめとこ山の熊」）

＊しだのみ＝どんぐり。　＊寒水石＝石灰《せっかい》岩の一種。

(1) A〜D に入る言葉として最も適切なものをそれぞれ次から選び、記号で答えなさい（同じ記号は二度使えません）。（5点×4−20点）

ア ぼんやり　イ ゆっくりと　ウ どたりと　エ どきっと

A（　）B（　）C（　）D（　）

(2) ——線部ⓐ〜ⓓの品詞名をそれぞれ次から選び、記号で答えなさい。（5点×4−20点）

ア 動詞　イ 形容詞　ウ 形容動詞　エ 名詞
オ 副詞　カ 連体詞　キ 接続詞　ク 感動詞
ケ 助動詞　コ 助詞

ⓐ（　）ⓑ（　）ⓒ（　）ⓓ（　）

(3) 重要 記述 ——線部①「変な気がして」とあるが、小十郎がそのように思ったのはなぜか。その理由を、本文中の言葉を用いて答えなさい。（30点）

（　　　　）

(4) ——線部②「拝むようにした」とあるが、小十郎がそうした理由として最も適切なものを次から選び、記号で答えなさい。（10点）

ア この前の熊が約束を守って死んでくれただけでなく、小十郎が銃で撃《う》つことのない死に方を熊が選んでくれたことに感謝しているから。

イ この前会った熊が約束を守って死んでしまったことで、他の熊が攻《せ》めてくるのではないかと思い、きちんと弔《とむら》おうとしているから。

ウ この前の熊が山の中ではなく自分の家の前で死んでいたので、もうこれ以上熊が家の前で死なないように願っているから。

エ この前の熊が口からいっぱいに血を吐いて倒れているのを見て、いつもの山の中の状況《じょうきょう》と違《ちが》って直視することができなかったから。

（　）

(5) X・Y に入る言葉をそれぞれ漢字一字で答えなさい。（10点×2−20点）

X［　］　Y［　］

〔立正大付属立正高−改〕

2 小説② 人物関係を読み取る

月　日

解答▼別冊1ページ

1 次の文章を読んで、下の問いに答えなさい。

〔古本の仲介《ちゅうかい》を仕事とする父を持つ瀬名垣太一《せながきたいち》は、ある日、親友の本田真志喜《ほんだましき》の父が経営する古書店『無窮《むきゅう》堂』の書庫で、幻《まぼろし》の本と言われる畠山花犀《はたけやまかさい》の『獄記《ごくき》』を見つける。〕

「ねえ、おじさん。この本、おれたちにくれないかな。」

すごい宝物を見つけた誇《ほこ》らしさと、大事な真志喜とそれを分け合えるという嬉《うれ》しさでいっぱいだった。父親が店を開きたがっているのは知っている。『獄記』を売れば、開業資金くらい軽く手に入るだろう。「せどり*」と父親を見くびる古本屋連中を、きっと見返すことができる。瀬名垣は「世紀の掘《ほ》り出し物」が、自分のまわりにどんな波紋《はもん》をもたらすのかをちっとも考えずに、その幻の本を高々と揚《あ》げてみせた。

瀬名垣がかざした本を、『無窮堂』の店主だった真志喜の父親はちらりと見た。そしてぞんざいに、

「ああ、どうせ捨てる本だ。欲しければ持っていくといい。」

と言った。瀬名垣は心に*快哉《かいさい》を叫《さけ》んだ。

そのとき、傍《かたわ》らで瀬名垣の父親と雑談していた本田翁《おう》*が、穏《おだ》やかに声をかけてきた。

「太一、その本をちょっと見せておくれ。」

瀬名垣はもちろん、本田翁に見せたくなかった。①目利《めき》きの評判をほしいままにする翁は、この掘り出し物の価値をさすがに一目で見抜《みぬ》くだろう。そうなったら、この本は取り上げられてしまう。ためらっていると父親が、「さっさと翁に渡《わた》せ。」としきりに目で合図する。誰《だれ》のためにこれを自分のものにしようとしているかわかってるのかなあ、と②苦々しく思いながら、仕方なく本田翁に手渡した。『獄記』を持つ本田翁の手は震《ふる》えた。そして翁は、瀬名垣をひたと見据《みす》えた。

「これがなんなのか、わかっているのか、太一。」

常に優《やさ》しい老人が、これほど鋭《するど》く真剣《しんけん》な眼差《まなざ》しを瀬名垣に向けたのは初めてのこ

(1) [語意] ——線部①とはどういうことか。最も適切なものを次から選び、記号で答えなさい。

ア 書物を鑑定《かんてい》する能力がほしくてたまらずにいるということ。
イ 書物を鑑定する能力を誰《だれ》からも認められているということ。
ウ 書物を鑑定する能力にいつも磨《みが》きをかけているということ。

（　　）

重要 記述

(2) [心情把握] ——線部②について、なぜ「苦々しく」思ったのか。その理由を答えなさい。

（　　　　　　　　）

(3) [内容把握] ——線部③「誇り」の内容として最も適切なものを次から選び、記号で答えなさい。

ア 本田翁に自分の能力の高さをほめられたこと。
イ 父親の店の開業資金を自分一人で稼《かせ》いだこと。
ウ 自分自身で価値のある書物を掘り出したこと。

（　　）

記述

(4) [内容把握] ——線部④について、何が「わかる」のか。四十字以内でわかりやすく答えなさい。

とだった。瀬名垣はなんと答えるべきか困った。だが結局、③誇りも手伝って、「うん。」と一言、はっきりとうなずいた。本田翁は笑った。

「見事じゃ、太一。おまえは本当に頼《たの》もしい男だ。わしですらこうして震えがきているというのに、おまえはわかっていてなお動じもしない。」

本田翁は『獄記』を瀬名垣の手に返した。瀬名垣はまさか戻《もど》してもらえるとは思っていなかったので、本田翁の深い皺《しわ》の刻まれた顔をまじまじと見つめた。本田翁はもう一度噛《か》みしめるように言った。

「見事じゃ。」

瀬名垣の父親は、息子の手にある古びた本と敬愛する老人の顔とを忙《いそが》しく見比べた。

「一体なんの話ですか、翁。」

真志喜の父親も、本を束ねていた手を止めて歩み寄ってくる。

「どうなさったんです、お父さん。」

「みんな、よく見ておきなさい。真志喜もおいで。」

瀬名垣のまわりに、居合わせた人間が集まった。瀬名垣は、今までつないだままでいた真志喜の手を引き寄せる。本田翁のおごそかな声が響《ひび》いた。

「これが幻の本。『獄記』だ。」

声にならない動揺《どうよう》が、二人の父親たちの間を走り抜けた。

「はあ、これが……。」

ようやく瀬名垣の父親の口から間の抜けた感嘆《かんたん》の声が上がったとき、真志喜の父親は、ついと表に出ていった。

「あ、本田さん……。」

瀬名垣の父親の呼び止める声も聞こえないようだ。本田翁は肩《かた》を落とした。

「放っておいてやってくだされ。④瀬名垣さん、あんたもわかるでしょう。『無窮堂』は十二歳《さい》の男の子に、この世に一冊しかない＊稀覯《きこう》本を掘り出されたんじゃ。」

（三浦《みうら》しをん「月魚」）

＊せどり＝自分の店を持たず商品の仲介のみをする古本業。　＊快哉を叫ぶ＝とても愉快《ゆかい》に思うこと。

＊本田翁＝真志喜の祖父。瀬名垣の父親も世話になっている。　＊稀覯本＝とても珍《めずら》しい書物。

(5) 【表現】本文の表現について説明したものとして最も適切なものを次から選び、記号で答えなさい。

ア 登場人物の人生観や古い習慣を表現する際に、慣用句が効果的に使用されている。

イ 登場人物の立場や状況《じょうきょう》の特殊《とくしゅ》性を表現する際に、比喩《ひゆ》が効果的に使用されている。

ウ 場の緊張《きんちょう》感や登場人物の心情を表現する際に、擬態《ぎたい》語が効果的に使用されている。

（　　）〔栃木—改〕

読解のポイント

◆**登場人物の人間関係をとらえる**

①**人物の関係性**→夫婦・親子・友人など。

②**心情的関係性**→良好・対立、融和《ゆうわ》的・敵対的など。

③**関係性の変化**→対立から相互《そうご》理解へ、融和的関係から敵対的関係へなど。

つまり、①・②という関係性を持つ登場人物に、ある事柄《ことがら》・事件などを契機《けいき》として③が生じるというのが一つのパターンである。登場人物の関係性とその変化を読み取ることが重要となる。

Step A
Step B
Step C

1 次の文章を読んで、あとの問いに答えなさい。（10点×4―40点）

三ツ木高校を目指す受験生の「私（杏《あん》）」は、自分と似た感性の真由子に惹《ひ》かれて友達になったが、親友の美香《みか》に泣かれてつきあいをやめた。以降、勉強に励《はげ》みつつも真由子のことが気にかかっていた。ある日、「私」はふと思い立って図書館に向かった。

カウンターの中で、返却《へんきゃく》本の整理をしていた母が、あらっというふうに目を留めた。でも、何も言わなかった。母がここに勤めるようになってから、私が足を踏《ふ》み入れるのは初めてだった。母はここでも□仕事をしているようだった。親が勉強しろってうるさいと樹里《じゅり》はぼやくが、私の両親は宿題をやったかとさえ聞かない人たちだ。

文庫本の棚《たな》を漫然《まんぜん》と眺《なが》めていると、いきなり背後で声がした。

「これ、読んだ？」

びくっとして振《ふ》り返る。はじかれたような、おおげさな動きになってしまった。これまで、本についてあれこれ話した相手はたった一人だけ。

――あの本読んだ？これ、面白《おもしろ》いよ……。

でも、ここに、真由子がいるはずがない。

「そんなに驚《おどろ》くことないでしょ」

後ろに立っていたのは母だった。

「①……お母さん」

「『黄色い髪《かみ》』。なかなか面白いわよ。ずいぶん前の小説だけれどね」

空色のエプロンをした母は、やはり家で見るのと少し印象が違《ちが》う。何が違うのかはわからないけれど、言われるままに、干刈《ひかり》あがたの『黄色い髪』を借りてみた。母の薦《すす》めで本を読むのは初めてかもしれない。

「普通《ふつう》はさ、今の時期、本なんか読んでないで勉強しろ、って言うんじゃない？普通の親なら」

「普通の親ねえ。私はべつに普通でない親でもかまわないわよ」

母の口調は、あっさりとしたものだった。

夕飯の時、図書館で見た母の印象を語ると、

「当《あた》り前よ」と母は言った。

同じエプロン姿でも、キッチンに立つ母は、どことなくのんびりとしている。働いて金を得るのは、責任と緊張《きんちょう》が伴《ともな》うものだと母は言う。

「家でだって責任とかあるでしょ」

「責任の種類が違うでしょ。家庭はくつろぐところだもの」

娘《むすめ》である私と真顔で話すことに、少し照れたように母は口元だけで笑った。

気持ちがゆったりとできてこその家。そういえば、私は何のかんのといっても、ずっと家の中ではくつろいでいたのかもしれない。いじめることにもいじめられることにも無縁《むえん》だったが、小さなトラブルや仲違《なかたが》いがなかったわけではない。そんな時でも、家に帰ればほっとできた。何も話さなくても何も聞かれなくても、家の中では安心できた。

②あれは小学校三年の時だった。仲のよかった友だちとささいなことでけんかした。単なる言葉のやりとりからこじれ、相手の子を泣かしてしまった。泣くことがいつだって同級生たちに受け入れられるわけではないけれど、あの時は泣いた者が勝ちだった。私は悪者になり、それでも絶対に泣くものかと、ふくれっ面《つら》のまま家に帰った。

母はコーヒーを飲んでいた。

「杏もコーヒー、飲む？」

学校のことなどいっさい聞かずに、いきなりそう言った。コーヒーは

時間	40分
合格点	80点
得点	点

月　日

解答▼別冊2ページ

大人の飲み物で苦いもの。そう思っていた。でも私はこっくりと頷《うなず》いた。母はさらさらした濃《こ》い茶色の粉をドリッパーに入れ、お湯を注いだ。独特の香《かお》りが漂う。思えばあの時の香りに私は魅《み》せられたのかもしれない。むろん、母はたっぷりのミルクと砂糖《さとう》を入れることを忘れなかった。

「ちょっぴり、大人になった気分でしょ」

と自分はブラックコーヒーを飲みながら母が言い、私はコーヒーもけっこう美味《おい》しいと思ったものだった。それが、コーヒーというより、コーヒー入りのミルクとでもいうべきものであったことも知らずに。

私と母、二人分のコーヒーを淹《い》れる。少しだけ湯を注ぐと、湿《しめ》った粉からふわっと芳香《ほうこう》が漂《ただよ》い、鼻腔《びこう》を突《つ》き抜けて独特の香りが空気に溶けていった。しばらく間をおいて湯を注ぎ足す。ぽとりぽとりとコーヒーがポットの中に落ちていく。

なぜ、急にあんな昔のことを思い出したのだろう。私たちの仲違いは、二、三日もすれば霧消《むしょう》してしまうようなささいなものだったはずだ。けれどあの時から、私はコーヒー好きになった。そして中学生になってからは、コーヒーを淹れるのは私の役目になった。

私の両親は、どちらかといえば□した人間で、よくいえば子どもである私に対して自由を認めている、悪く言えば放任主義、というのが親に対する印象だった。親は私にあまり関心がないのかもしれないと思うことさえあった。けれど、確かに、家にはくつろぎがあった。

「三ツ高はなかなかいい高校みたいね」

母が、ふと思いついたというような口調で言った。

（濱野《はまの》京子《きょうこ》「その角を曲がれば」）

(1) 二つの□に共通して入る言葉として最も適切なものを次から選び、記号で答えなさい。

ア 堂々と　イ 黙々《もくもく》と　ウ 淡々《たんたん》と　エ 楽々と　（　）

(2) ——線部①の言葉からうかがえる「私」の様子を説明したものとして最も適切なものを次から選び、記号で答えなさい。

ア だしぬけに背後から声をかけられて非常に驚き、恐《おそ》る恐る振り返ってみたところ母だったので、安心している。

イ 背後からの唐突《とうとつ》な言葉に、真由子かと思って一瞬《いっしゅん》心が騒《さわ》いだものの、母とは思わなかったので、意外に感じている。

ウ ぼんやりと本を見ていたので、母の声ともわからず、真由子と勘違《かんちが》いしてしまったことに気づいて、とっさに取り繕《つくろ》っている。

エ 嫌《いや》なことを忘れようと一生懸命《けんめい》本を探していたのに、声をかけられて真由子を思い出してしまい、不機嫌《きげん》になっている。　（　）

(3) ——線部②から始まる回想の場面について説明したものとして適切でないものを次から一つ選び、記号で答えなさい。

ア 母の言葉によって想起した思い出を、今の視点で描《えが》いている。

イ 当時は気づかなかったが、何も聞かないのも母の気遣《きづか》いだった。

ウ 「こっくりと頷いた」は母の薦めるまま本を借りた部分に重なる。

エ 「杏」が二人分のコーヒーを淹れる様子を客観的に表現している。　（　）

重要

(4) 本文からうかがえる「私（杏）」という人物についての説明として最も適切なものを次から選び、記号で答えなさい。

ア　柔軟《じゅうなん》で偏《かたよ》らない見方ができる。
イ　天衣無《む》縫《ほう》で屈託《くったく》がない。
ウ　控《ひか》え目だが大人《おとな》ぶっている。
エ　負けず嫌《ぎら》いだが涙《なみだ》もろい。
（　　　）

（岡山県立岡山朝日高―改）

2　次の文章は、「高校三年生の真郷《まさと》と律《りつ》は、中学時代から投手として一緒《いっしょ》に野球をしていた。二人は甲子園を目指して地元の高校に進学したが、真郷は、投手から野手へ転向するように監督《かんとく》から言い渡《わた》された。」という話に続く部分である。これを読んで、あとの問いに答えなさい。（20点×3―60点）

おれは、マウンドに立ち続けられるほどのピッチャーではなかったんだ。肩《かた》は治っている。だけど投げられない。投げても無残に打たれるだけだ。中学時代とは桁違《けたちが》いの力と技術を持った打者に適用するだけの球を……投げられない。

それが、おれの実力だ。

自分の限界を知覚することの恐怖《きょうふ》と惨《みじ》めさ、まだ、野球という世界の*とば口に立っているだけなのに、その底知れなさに圧倒《あっとう》される。

ああ惨めだと、心底思った。こんな惨めさを味わうために、おれは野球にしがみついていたのかと、自己を嘲《あざけ》りたくなる。いっそ、やめてしまうかと、自棄《じき》の声がした。惨めな想い出ごと野球を棄《す》ててしまえるなら、それが一番、楽じゃないか。

律がマウンドから投げる姿を見る度《たび》に、自棄の声は強くなる。

もういい。棄ててしまえ。

投げられない自分より、律に嫉妬《しっと》している自分が嫌《いや》だった。憎《にく》むほどに嫌《きら》いだった。羨《うらや》み、嫉妬、嫌悪《けんお》、焦《あせ》り……どろりと重い感情だけが溜《た》まっていく。

もうやめよう。①これ以上野球にしがみつくのは、もうおしまいにしよう。決めて退部届を忍《しの》ばせてグラウンドに来た。練習の始まる前に監督に手渡し、去る。決めていたのだ。

「律？」

何気なく部室を覗《のぞ》いたとき、律の背中が見えた。背番号のない練習用のユニフォームが部室の隅《すみ》でもぞもぞと動いている。真郷の気配に気づき、振《ふ》り向く。中学時代そのままの気弱な笑みが浮《う》かんだ。

「何しとるんや？」

「うん……ちょっと」

律の手には薄汚《うすよご》れたボールが握《にぎ》られていた。

「なんや……練習球やないか」

「うん」

使い古された練習用のボールは、糸目もわからぬほど汚れ、表皮には無数の傷ができていた。新品のときあれほど鮮《あざ》やかだった縫《ぬ》い目は色褪《あ》せ、解《ほつ》れ、もとが何色だったのか俄《にわか》には判別できない。部の予算は限られている。少しでも節約しようと部員たちは、一球一球解れを繕《つくろ》い、表皮を磨《みが》き、使い続けていた。それでも使用に耐《た》えないほど傷《いた》んでしまったものは、捨てるしかない。律が屈《かが》みこんでいたのは、部員たちが昨日選《よ》り分けたばかりの廃棄《はいき》用ボールを収めたダンボール箱だった。中身はゴミとして処分することになっている。空になったペットボトルや紙くずも入っている。律はその中から、ボールを一つ選び出していたらしい。

「別に、盗《ぬす》もうとかしてたわけやないで……あの……一つぐらいもろうてもええよな？」

わずかに目を伏《ふ》せて、律が肩をすくめる。悪戯《いたずら》を見つけられた子どもの仕草だった。

「そりゃあ、かまわんやろ。どうせ捨ててしまうボールなんやから。けど、そんなぼろぼろになったのもう使えんやろ。そんなん、持って帰ってどうするんや？」

「一緒に連れて行ったろて思うて」

「どこへ？」

「甲子園」

口がぽかりと開いた。返す言葉が出てこない。律は、耳元まで赤くなりボールをポケットに押《お》し込《こ》んだ。

「だって、ほら目標は大きい方がええやないか。おれら、そのために練習してるんやし……ボールがこんなになるまで練習しとるわけやし……何が起こるかわからんのが野球やろ」

「うん、まあ……で、そのボール、持って行くわけか」

「そうや。ぼろぼろになった練習球だって、一つぐらい連れて行ってやらんと、かわいそうやないか」

一息にそう言って、律が目を伏せる。

「おまえ……」

そんなこと考えてたのかと続く言葉を呑《の》み込んだ。伏せた目の端《はし》に、意思を秘《ひ》めた光が宿っていたのだ。どこへと問われ、甲子園と答えた口調に、*微塵《みじん》の躊躇《ちゅうちょ》もなかったではないか。律の視線の先には、あの甲子園がある。光をはじく*銀傘《ぎんさん》が、踏《ふ》みしめる土が、真夏の青空が、蔦《つた》の青葉に埋《う》まる外壁《がいへき》が、確かにある。

こいつ、ちゃんと捉《とら》えてやがる。

夢でも幻《まぼろし》でもない。現実の射程内にあの場所を据《す》えているのだ。②知らぬ間に、奥歯《おくば》をかみしめていた。

律が顔を上げ、いつも通りの口調で尋《たず》ねてきた。

「投げてやろうか？」

「うん？」

「トス、上げてやろうか。バッティングの練習するんやろ」

真郷は大きく一つ息をつく。箱の中に転がる練習球は、どれもみな哀《あわ》れなほどぼろぼろになっていた。律に視線を向け、ゆっくりと頷《うなず》く。

「③ああ……頼《たの》むわ」

（あさのあつこ「晩夏のプレイボール」）

＊とば口＝物事の、はじまったばかりのところ。　＊微塵の躊躇＝少しのためらい。
＊銀傘＝甲子園球場の観客席の一部を覆《おお》う屋根。

記述 (1) ——線部①とあるが、真郷がこう思うようになったのはなぜか。その理由を、三十五字以上四十五字以内で答えなさい。

重要 記述 (2) ——線部②とあるが、真郷は律のどんなところに心を動かされたのか。二十五字以上三十五字以内で答えなさい。

記述 (3) ——線部③とあるが、この言葉から真郷のどんな気持ちがうかがえるか。二十五字以上三十五字以内で答えなさい。

〔熊本一改〕

3 小説 ③ 表現を味わう

1 次の文章を読んで、下の問いに答えなさい。

〔ある日、母から電話があり、父が生前、残された時間を惜《お》しむかのように寝床《ねどこ》で読書していた様子を語り出した。「私」はそのときの父の姿を思い浮《う》かべた。〕

私が自分の思いの中に入りかけ、一瞬《いっしゅん》ぼんやりしていると、昨日ね、とまた電話の向こうで母が話しはじめた。

駅前のデパートに行って売り場を歩いていたら、後ろから、お父さん、という若い女の人の声が聞こえたの。振《ふ》り返ると、そこには若いお父さんが男の子を抱《だ》いて立っていたの。Ⓐそれを見たら、急に胸が痛くなってね。

ⓐ不意に声を詰《つ》まらせた母に驚《おどろ》いて、私は訊《たず》ねた。

「どうして？」

「あなたを抱いていたお父さんを思い出して……」

私は私を抱いていたという父を想像できない。父は私を抱いたことがあったのだろうか。ⓑそういう愛情の表現ができたのだろうか。私が私の娘《むすめ》を抱いていたように……。

Ⓑだが、ひとつ思い出すことがあった。

父と*久保田万太郎《くぼたまんたろう》の句のことを話していた夜、好きな句を訊ねると、「あきかぜのふきぬけゆくや人の中」を挙げ、もうひとつを訊ねると、「さびしさは……」と言って絶句してしまったことがあった。私にはその句がどんなものかすぐにはわからなかった。「さびしさは」という上の句を持つ作品は、私もどこかで眼《め》にした記《き》憶《おく》がないわけではなかったから、かなり有名な句だったのだろう。しかし、父がどんな句を挙げようとしていたのか、気になりながらそのままにしていた。ところが、Ⓒ先日、眠《ねむ》れないままに久保田万太郎の全句集で句の拾い読みをしているうちに、

---

(1) 【品詞の識別】――線部Ⓔと同じ品詞の言葉を本文中のⒶ～Ⓓから一つ選び、記号で答えなさい。（　　）

(2) 【語意】――線部ⓐの本文中の意味として最も適切なものを次から選び、記号で答えなさい。

ア 心細げに　イ わざと

ウ 思いがけず　エ ひそかに　（　　）

記述 (3) 【内容把握】――線部ⓑとはどのような「愛情の表現」を指すか。わかりやすく答えなさい。

（　　　　）

記述 (4) ――線部ⓒについて、次の問いに答えなさい。

① 【内容把握】「前書き」を見つけたときに「私」が気づいたことを次のようにまとめた。□に入る内容を答えなさい。

久保田万太郎の俳句に描《えが》かれた息子への思いに重ねて、□ということ。

（　　　　）

重要 ② 【心情把握】「私がどきっとした」のはなぜか。その理由として最も適切なものを次から選び、

「さびしさは」という上の句を持つ作品を発見した。

　さびしさは木をつむあそびつもる雪

　Ⓒ私がどきっとしたのはその句に万太郎の「長男耕一《こういち》、明けて四つなり」という前書きがあったことだった。そこから、私の思いはさまざまに広がった。外は雪。久保田万太郎がひとりで積み木遊びをしている息子の姿を眺《なが》めている。父親である久保田万太郎は、幼い息子のその姿から、ほのぼのとした喜びではなく、哀《かな》しみのようなものを覚えてしまう……。

　しかし、死の直前にその句を思い出そうとしていた父には、そうした思いで幼い私を眺めていたことがあったのだろうか。

　父が私について詠《よ》んだ句は、私が長い旅行に出ている時期に集中している。Ⓓちょうどその頃《ころ》が最も作句に熱意を持っていた時期ということがあったのだろうが、旅に出ている息子について思いを巡《めぐ》らすということが句の作りやすい心情を生んだのだろう。

　葡萄《ぶどう》食へば思ひは旅の子にかへる
　流れ星つつがなかれと祈《いの》るのみ
　屋根裏の巴里《パリー》寒しと便りの来《く》

　だが、私にはこの頃の父の姿を思い浮かべることはできても、自分が幼かった頃の父の姿を想像することができない。Ⓔただ、幼い息子である私を、静かな笑みを浮かべて見つめていたことがあるのを微《かす》かに覚えているだけだ。

（沢木耕太郎《さわきこうたろう》「無名」）

＊久保田万太郎＝小説家・劇作家・俳人（一八八九〜一九六三）。

記号で答えなさい。

ア　好きな句として父が挙げたものはおよそ父の作風に似つかわしくなく、意外な感じがしたから。
イ　好きな句として父が挙げたものと実際に父が詠む句にははっきりとした共通点がないから。
ウ　好きな句として父が挙げたものの前書きから父が「私」に複雑な愛情を抱《いだ》いていたことがわかったから。
エ　父が作句に熱心であったのは「私」の青年期であるのに、幼い子を詠んだ句が好きだと言ったから。

（　　）〔秋田－改〕

読解のポイント

◆表現された世界を味わう

「小説」では描《えが》き出された世界をイメージし、その世界に思いを寄せられるか（共感できるか）がポイントとなる。そのため次の点に留意する。

①場面の**情景**や**雰囲気**《ふんいき》を**イメージ**できているか。
②主人公を中心とした**登場人物が置かれている状況**《じょうきょう》を把握《はあく》しているか。
③②の特に**主人公の心情**を理解することができているか。

Step A
Step B
Step C

時間 30分
合格点 80点
得点　点

解答▼別冊3ページ

月　日

1 次の文章を読んで、あとの問いに答えなさい。（20点×5－100点）

〔主人公の堯《たかし》は、当時不治の病とされた肺病（肺結核《けっかく》）を患《わずら》っており、療《りょう》養《よう》中である。〕

夕方の発熱時が来ていた。冷《つめた》い汗《あせ》が気味悪く腋《わき》の下を伝った。彼《かれ》は袴《はかま》も脱《ぬ》がぬ外出姿のまま凝然《ぎょうぜん》と部屋に坐《すわ》っていた。

突然《とつぜん》*匕首《あいくち》のような悲しみが彼に触《ふ》れた。次から次へ愛するものを失って行った母の、ときどきするとぼけたような表情を思い浮《うか》べると、彼は静かに泣きはじめた。

夕餉《ゆうげ》をしたために階下へ降りる頃《ころ》は、彼の心はもはや冷静に帰っていた。そこへ友達の折田というのが訪ねて来た。食欲はなかった。彼は直《す》ぐ二階へあがった。

折田は壁《かべ》にかかっていた、星座表を下ろして来て頻《しき》りに目盛を動かしていた。

「よう」

折田はそれには答えず、

「どうだ。雄大《ゆうだい》じゃあないか」

それから顔をあげようとしなかった。堯はふと息を嚥《の》んだ。彼にはそれが如何《いか》に壮大《そうだい》な眺《なが》めであるかが信じられた。

「休暇《きゅうか》になったから郷里へ帰ろうと思ってやって来た」

「もう休暇かね。俺《おれ》はこんどは帰らないよ」

「どうして」

「帰りたくない」

「うちからは」

「うちへは帰らないと手紙出した」

「旅行でもするのか」

「いや、そうじゃない」

折田はぎろと堯の目を見返したまま、もうその先を訊《き》かなかった。が、友達の噂《うわさ》学校の話、*久闊《きゅうかつ》の話は次第に出て来た。

「この頃学校じゃあ講堂の焼跡《やけあと》を毀《こわ》してるんだ。それがね、労働者が鶴《つる》嘴《はし》を持って焼跡の煉瓦壁《れんがへき》へ登って……」

その現《うつつ》に自分の乗っている煉瓦壁へ鶴嘴を揮《ふる》っている労働者の姿を、折田は身振《みぶり》をまぜて描《えが》き出した。

「あと一《ひ》と衝《つ》きというところまでは、その上にいて鶴嘴をあてている。それから安全なところへ移って一つぐゎんとやるんだ。すると大きい奴《やつ》がどどーんと落ちて来る」

「ふーん。なかなか面白《おもしろ》い」

「面白いよ。それで大変な人気だ」

堯らは話をしているといくらでも茶を飲んだ。が、へいぜい自分の使っている茶碗《ちゃわん》で頻《しき》りに茶を飲む折田を見ると、①その度《たび》彼は心が話からそれる。その拘泥《こうでい》がだんだん重く堯にのしかかって来た。

「君は肺病の茶碗を使うのが平気なのかい。咳《せき》をする度にバイキンはたくさん飛んでいるし。——平気なんだったら衛生の観念が乏《とぼ》しいんだし、友達甲斐《がい》にこらえているんだったら子供みたいな感傷主義に過ぎないと思うな——僕《ぼく》はそう思う」

云《い》ってしまって堯は、なぜこんないやなことを云ったのかと思った。折田は目を一度ぎろとさせたまま黙《だま》っていた。

「しばらく誰《だれ》も来なかったかい」

「しばらく誰も来なかった」

「来ないとひがむかい」

こんどは堯が黙った。が、そんな言葉で話し合うのが堯にはなぜか快かった。

「ひがみはしない。しかし俺もこの頃《ごろ》は考え方が少しちがって来た」

「そうか」

堯はその日の出来事を折田に話した。

「俺はそんなときどうしても冷静になれない。冷静というものは無感動じゃなくて、俺にとっては感動だ。苦痛だ。しかし俺の生きる道は、その冷静で自分の肉体や自分の生活が滅《ほろ》びてゆくのを見ていることだ」

「……………」

「自分の生活が壊《こわ》れてしまえば本当の冷静は来ると思う。水底の岩に落《おち》つく木の葉かな……」

「*丈草《じょうそう》だね。……そうか、しばらく来なかったな」

「そんなこと。……しかしこんな考えは孤独《こどく》にするな」

「俺は君がそのうちに転地でもするような気になるといいと思うな。正月には帰れと云って来ても帰らない積《つも》りか」

「帰らない積りだ」

珍《めずら》しく風のない静かな晩だった。そんな夜は火事もなかった。二人が話をしていると、戸外にはときどき小さい呼子《よびこ》のような声のものが鳴いた。

十一時になって折田は帰って行った。帰るきわに彼は紙入のなかから乗車割引券を二枚、

「学校へとりにゆくのも面倒《めんどう》だろうから」と云って堯に渡《わた》した。

母から手紙が来た。

――お前にはなにか変《かわ》ったことがあるにちがいない。それで正月上京なさる津枝《つえだ》さんにお前を見舞《みま》って頂くことにした。その積りでいなさい。帰らないと云うから春着を送りました。今年は胴着《どうぎ》を作って入れておいたが、胴着は着物と襦袢《じゅばん》の間に着るものです。じかに着てはいけません。――

津枝というのは母の先生の子息で今は大学を出て医者をしていた。が、嘗《かつ》て堯にはその人に兄のような思慕《しぼ》を持っていた時代があった。

堯は近くへ散歩に出ると、近頃は殊《こと》に母の幻覚《げんかく》に出会った。母だ！と思ってそれが見も知らぬ人の顔であるとき、彼はよく変なことを思った。――すーっと変ったようだった。また母がもう彼の部屋へ来て坐りこんでいる姿が目にちらつき、家へ引返《ひきかえ》したりした。が、来たのは手紙だった。そして来《きた》るべき人は津枝だった。②堯の幻覚はやんだ。

街を歩くと堯は自分が敏感《びんかん》な*水準器になってしまったのを感じた。彼はだんだん呼吸が切迫《せっぱく》して来る自分に気がつく。ⓐそして振返《ふりかえ》って見るとその道は彼が知らなかった程の傾斜《けいしゃ》をしているのだった。彼は立停《たちどま》ると激しく肩《かた》で息をした。ある切ない塊《かたまり》が胸を下ってゆくまでには、必ずどうすればいいのかわからない息苦しさを一度経なければならなかった。それが鎮《しず》まると堯はまた歩き出した。

何が彼を駆《か》るのか。それは遠い地平へ落ちて行く太陽の姿だった。

彼の一日は低地を距《へだ》てた灰色の洋風の木造家屋に、どの日もどの日も消えてゆく冬の日に、もう堪《た》えきることが出来なくなった。窓の外の風景が次第に蒼《あお》ざめた空気のなかへ没《ぼっ》してゆくとき、それが既《すで》にただの日《ひ》蔭《かげ》ではなく、夜と名附《なづ》けられた日蔭だという自覚に、彼の心は不思議ないらだちを覚えて来るのだった。

「ああ大きな落日が見たい」

彼は家を出て遠い展望のきく場所を捜《さが》した。歳暮《せいぼ》の町には餅搗《もちつ》きの音が起《た》っていた。花屋の前には梅と福寿《ふくじゅ》草をあしらった植木鉢《ばち》が並んでいた。ⓑそんな風俗《ふうぞく》画は、町がどこをどう帰っていいかわからなくなりはじめるにつれて、だんだん美しくなった。自分のまだ一度も踏《ふ》まなかった路《みち》――其処《そこ》では米を磨《と》いでいる女も喧嘩《けんか》をしている子供も彼を立停《たちど》まらせた。が、見晴らしはどこへ行っても、大きな屋根の影絵《かげえ》があり、夕焼《ゆうやけ》

空に澄《す》んだ梢《こずえ》があった。その度、遠い地平へ落ちてゆく太陽の隠された姿が切ない彼の心に写った。

　日の光に満ちた空気は地上を僅《わず》かも距っていなかった。③彼の満たされない願望は、ときに高い屋根の上へのぼり、空へ手を伸《の》ばしている男を想像した。男の指の先はその空気に触れている。——また彼は水素を充《み》たした石鹼玉《シャボン》が、蒼ざめた人と街とを昇天《しょうてん》させながら、その空気のなかへパッと七彩《なないろ》に浮《う》び上る瞬間《しゅんかん》を想像した。

　青く澄み透《とお》った空では浮雲《うきぐも》が次から次へ美しく燃えていった。みたされない堯の心の＊燠《おき》にも、やがてその火は燃えうつった。

ⓒ「こんなに美しいときが、なぜこんなに短いのだろう」

　彼はそんなときほどはかない気のするときはなかった。ⓓ燃えた雲はまたつぎつぎに死灰《しかい》になりはじめた。彼の足はもう進まなかった。

「あの空を満《み》たしてゆく影は地球のどの辺《あたり》の影になるかしら。あすこの雲へゆかないかぎり今日ももう日は見られない」

　にわかに重い疲《つか》れが彼に凭《よ》りかかる。ⓔ知らない町の知らない町角で、堯の心はもう再び明るくはならなかった。

（梶井基次郎《かじいもとじろう》「冬の日」）

＊匕首＝つばのない短刀。
＊久闊＝長らく音信のないこと。無沙汰《ぶさた》。
＊丈草＝内藤丈草《ないとうじょうそう》。江戸時代の俳人。
＊水準器＝面の水平を調べ、定める器具。
＊燠＝赤くおこった炭火。

(1) ——線部①について、その理由の説明として最も適切なものを次から選び、記号で答えなさい。

ア ふだんは堯が使っている茶碗を今は折田が使っていることに対して、衛生の観念の乏しさが問題だと気づいたから。
イ 折田が堯の知らない話をするせいで話が頭に入って来ず、折田の茶を飲む頻度《ひんど》の高さにばかり目がいってしまうから。
ウ 折田が茶を飲むたびに自分の病気のことを折田に直接伝えるべきかどうかに迷い悶々《もんもん》としているから。
エ 肺病である堯の茶碗を折田が使っていることに気づいてしまい、それ以降折田の一挙手一投足が気になってしまうから。
オ 堯の病気のことを知っていながら、その病気のことをあたかも気にしないような行動をとる折田に嫌気《いやけ》を感じたから。

重要 (2) 本文中における「堯」と「折田」の関係の説明として最も適切なものを次から選び、記号で答えなさい。（　）

ア 短い言葉で会話をテンポよくどんどんと重ねることができるような、気心の知れた関係。
イ 幾度《いくど》か沈黙《ちんもく》があってもすぐに別の話題に転換《てんかん》して話が盛り上がるような、気が置けない関係。
ウ とりとめのない話もすれば私的な事情に踏《ふ》み込《こ》んだ話もするような、はばかりのない関係。
エ 堯の嫌味な発言に対しても折田は何一つ嫌な反応を見せないような、相互《そうご》理解している関係。
オ 堯の帰省のために折田が前もって準備をしているような、仲間意識の高い関係。

(3) ——線部②について、その理由の説明として最も適切なものを次から選び、記号で答えなさい。（　）

ア 日頃堯は母の姿を思い浮かべることがあり、手紙が届いた日も母が目の前にいる気がしていたが、手紙に訪問者が「津枝」と記されており現実に戻《もど》されたから。
イ 母から手紙が来たことで街を歩いていても母の姿が堯の頭

をよぎるようになってしまったが、実際の訪問者が「津枝」であるとわかり喜びを覚えたから。

ウ　ただでさえ堯は日頃から母の幻覚を見ているのに、それに拍車《はくしゃ》をかけるように母から手紙が来たが、訪問者が「津枝」であるとわかりほっとしたから。

エ　最近堯は母を思ったり母の幻覚を見たりしていたが、帰宅して届いていた手紙を見ると母ではなく「津枝」が訪問していたことがわかり、より不安になったから。

オ　最近見る母の幻覚が、届いていた手紙の存在によってよりはっきりしたが、手紙を読んで訪問者が母ではなく「津枝」であるとわかりがっかりしたから。

(4)　――線部③とは、具体的にどのようなものか。最も適切なものを次から選び、記号で答えなさい。（　　）

ア　堯を生の世界に引き入れている落日が見えなくなったことによって、実際には眼前にないはずの太陽の姿を幻覚として見せてしまうもの。

イ　屋内に居ようとも堯を生に駆り立てる落日が見えないことによって、家の外に出る意味を失わせ、ただ彼の妄想《もうそう》をより一層激しくさせるもの。

ウ　堯を生へとつき動かす太陽の姿が雲に隠《かく》されることによって、彼を切なくさせると同時に、彼を現実世界から想像の世界へと引き込むもの。

エ　太陽の美しさこそが堯の生きる糧《かて》になっているにもかかわらず、その太陽の姿が心に浮かんでこないために、彼に死を意識させてしまうもの。

オ　地平線へ沈《しず》む太陽が堯を生に駆り立てているにもかかわらず、その太陽の姿は見ることができないがために、堯を妄想世界へと導き入れるもの。

重要
(5)　〰〰線部ⓐ〜ⓔの文のそれぞれの表現の特徴《とくちょう》を説明したものとして誤っているものを次から選び、記号で答えなさい。（　　）

ア　〰〰線部ⓐの「彼が知らなかった程の傾斜」とは、普通《ふつう》であれば気づかない程度の傾斜のゆるい上り坂であるが、堯はその上り坂に気付いてしまうほど病気が重くなっていることを表現している。

イ　〰〰線部ⓑの「そんな風俗画」とは、堯がいる街の風景を指し示しており、「どこをどう帰っていいかわからなくなりはじめる」とあることから、彼が知らない街に来てしまうほど落日を求めていることを表現している。

ウ　〰〰線部ⓒの「こんなに美しいときが、なぜこんなに短いのだろう」は、空に浮かぶ雲の様子を眺めつつ、実際には堯の人生には幸福な時期などはなかったと彼が嘆《なげ》いている様子を表現している。

エ　〰〰線部ⓓの「死灰になりはじめた」とは、表面的には灰色の雲が空に浮かびはじめた様子を表しているが、同時に堯の生気がどんどんと失われていっていることを暗示している。

オ　〰〰線部ⓔの「堯の心はもう再び明るくはならなかった」は、地平へと沈んでいく太陽の姿を今日も見られないことを悟《さと》って心が沈んでおり、この後の近い未来に彼が死んでしまうことを暗示している。（　　）

〔栄東高－改〕

4 随筆① 心の動きを読み取る

月　日

解答▼別冊3ページ

1 次の文章を読んで、下の問いに答えなさい。

　知床《しれとこ》は野生の生態系がよく残っているところである。知床半島の奥地《おくち》にいくと、ヒグマが数多く生息している。野生のヒグマを見ることは、それほど困難ではない。ここに知床の特異性があるのだが、そこには漁師たちが定置網《あみ》の漁業を営む番屋*があって、無人の大自然というのではない。

　人にはヒグマは危険な動物だという思いがあり、かつては姿を見かけしだいに駆《く》除《じょ》という言葉を使って射殺していた。北海道の開拓《かいたく》の歴史とは、一面でヒグマとの闘争《とうそう》でもあったのだ。ヒグマにしてみれば、その生態系の中に昔から当たり前に生きていただけなのに、いきなり人がやってきて生活環境《かんきょう》を荒《あ》らしたということなのである。そこに因果が働き、ヒグマにすれば闘争のほうに追いやられたということなのだろう。

　知床の番屋のある漁師は、撃《う》っても撃ってもヒグマが出てくるために、①彼《かれ》らの世界を犯《おか》しているのは自分たちではないかと考えるようになった。そこで撃たないようにしたら、ヒグマは漁師たちが網仕事をしているすぐそばにきても、何もせずただそこにいるだけなのだ。ヒグマは理由がなければ闘争はしない。姿を見ただけでなんでもかんでも殺すのは、人間だけなのである。

　ヒグマがそばにきても、漁師は気にもせずに自分の仕事をする。ヒグマにしても、人間が自分たちの暮らしを邪魔《じゃま》立てするわけでもないから、ヒグマはヒグマを天真爛漫《らんまん》に生きているだけである。人間を気にせずに生きているのだ。

　ヒグマ自身は自覚してはいないだろうが、人間がはいってきてから川にサケやマスが格段に多く遡上《そじょう》*するようになった。孵化《ふか》*事業をしているからである。もちろん人間の側からしても、ことさらにヒグマを驚《おどろ》かせるようなことはしないよう特に注意をしている。

　ここに世界でも類を見ない、人間と野生のヒグマが共存する奇跡《きせき》的な空間が出現

記述 (1) [内容把握] ――線部①とはどういうことか。本文中の言葉を用いて十八字以内で答えなさい。

(2) [文脈理解] □に入る言葉を本文中から四字で抜《ぬ》き出しなさい。

(3) [語意] ――線部②「かまびすしい」の意味として最も適切なものを次から選び、記号で答えなさい。

ア うるわしい
イ さわがしい
ウ かたくるしい
エ すがすがしい

（　　）

記述 (4) [慣用句] ――線部③「議論を待たない」の意味をわかりやすく答えなさい。

（　　　　）

したのだ。まことに微妙《びみょう》なバランスの上に成立している野生の聖地は、誰《だれ》でも足を踏《ふ》み入れてよいというところではない。そっとしておくべきだ。

知床を語る時、私はこの話がまことに象徴的《しょうちょう》であると思うのだ。知床はただ原始の野生が残っているから貴《とうと》いのではない。その生態系の中に、人間が見事に位置づけられているからこそ、貴重なのだ。

生物間の生態系とは□の流れが中心であり、あらゆる生物は自分より弱い生命を食べて生き延びている。私たち人間も、魚や植物や家畜《かちく》を食べなければ命を養うことはできない。人間がその生態系の中に位置するということは、野生の生きものも食べるということなのだ。

知床の野生の生態系は、陸上で最大の動物であるヒグマが歩き、空には猛禽《もうきん》類のオオワシやオジロワシが飛んで、海にはクジラやトドが泳いで、完全であるといえる。そこにすべての食物連鎖《れんさ》の頂点に位置する人間がいて、漁業をしている。地球の生態系とは、人間を排除したところに成立するのではない。人間が生きられる生態系でなければならないのである。

「俺《おれ》たちが自然を大切にしてきたからこそ、世界自然遺産にも登録されるのじゃないか。世界自然遺産のために、何かを特別につくるということではない」

知床が世界自然遺産に登録するにふさわしいかと、議論が②かまびすしい頃《ころ》に、番屋の船頭が私に向かってふといった言葉である。まことに正論だと私は思ったしだいである。

自然を保護しなければならないのは、そこが人間が生きられる空間ではなくなってきたからだ。食物連鎖が完全に残っていなければ、人間も生きられないのである。人間を排除してと、排除しないでと、どちらの自然に価値があるかは③議論を待たないであろう。

知床は海の幸も、畑の幸も、また山菜などの山の幸も、格別においしいところだ。人間の生きる大地の知床が、世界自然遺産に登録された意味は大きい。

（立松和平《たてまつわへい》「知床の四季を歩く」）

＊番屋＝漁師の泊《と》まる小屋。　＊遡上＝流れをさかのぼって行くこと。　＊孵化＝卵をかえすこと。

重要 記述

(5)【要旨】本文を通して、筆者は自然はどのようなものであるべきだと述べているか。その内容を、本文中の言葉を用いて三十字以内で説明しなさい。

〔大阪－改〕

読解のポイント

❶ **随筆《ずいひつ》とは**

筆者が見聞きしたことや、心を動かされたもの・事柄《ことがら》などを、自由な形式で書いた文章である。

❷ **読解の手順**

①**話題・対象**をとらえる。→何に心を動かされているのか。

②**筆者の心情**をとらえる。→どのように心を動かされているか。

③**筆者像**をとらえる。→その話題や対象に対して、なぜそのように心を動かされているのか。

④**表現世界**を味わう。→心の動きをどのように表現しているか。

Step A　Step B　Step C

解答▼別冊4ページ

時間	合格点	得点
30分	80点	点

月　日

1 次の文章を読んで、あとの問いに答えなさい。

私は何度か砂漠《さばく》へ出かけた。旅ということばをきくと、どういうわけか私の胸中には空と砂とがひとつに溶け合った果てしない砂漠の光景が浮《う》かぶのである。そのような光景が浮かぶと、つぎの瞬間《しゅんかん》、私はどうしてもそこへ我《わ》が身を置いてみたくなる。こうして私は①まるで砂にたぐり寄せられるように砂漠へ旅立った。

なぜ砂漠にそんなに惹《ひ》かれるのか。自分にもよくわからない。しかし、おそらく、砂漠というものが、私にとってはまったくの反世界だからだろうと思う。

たしかに砂漠は私たちの住む日本の風土の反対の極《きわみ》と言ってもいいであろう。和辻哲郎《わつじてつろう》はあの有名な『風土』という書物のなかで、世界の風土をモンスーン型、牧場型、砂漠型の三つに分け、砂漠型を私たちの住むモンスーン型風土の対極に置いた。そしてモンスーン型の日本人がインド洋を抜《ぬ》けてアラビア半島にたどりついたときの衝撃《しょうげき》を記している。その衝撃とは、「*人間《じんかん》いたるところに青山《せいざん》あり」などと考えているモンスーン型日本人が、どこをどう見まわしても青山など見あたらぬ乾《かわ》き切った風土に直面したおどろきだと言う。

たしかに砂漠は、青山的な私にとって衝撃そのものだった。そこにあるのはただ砂と空だけなのだから。［A］、そうした砂の世界に何日か身を置いてみると、やがて砂は私になにごとかをささやきはじめる。［B］、不思議なことに、こんどは自分が住んでいるモンスーン型の日本の風土や、そこにくりひろげられている生活が「反世界」のように思えてくるのである。

砂漠には何もない。何もないということがとうぜんのようになってくると、逆に、なぜ日本の生活にはあんなにもたくさんのものがあるのか、奇妙《きみょう》に思えてくる。あんなに多くのものに取り巻かれなければ暮らしてゆけないのだろうか、と。もしかしたら、それらのものは、ぜんぶ余計なものではないのか。余計なものに取り巻かれて暮らしているから、余計な心配ばかりがふえ、かんじんの生きる意味が見失われてしまうのではないか……。

しかし、待てよ、と私は考える。生きてゆくのに必要なものだけしかないということは、文化がないということではないか。生きてゆくうえに必要なもの、それを上まわる余分のものこそが、じつは文化ではないのか。文化とは、言ってみれば、余計なものの集積なのではないか。だとすれば、砂漠を［C］することは、文化を［D］することになりはしまいか……。

それにしても——と私はさらに考えなおす。私たちはあまりにも余分なものを抱《かか》えこみすぎているのではなかろうか。余分なものこそ文化にはちがいないが、さりとて、［E］。余分なもののなかで、どれが意味があり、何が無価値であるか、それをもういちど考えなおす必要がありはしまいか……。

砂漠とは、こうした反省を私にもたらす世界である。砂漠は現代の文明社会に生きる人びとにとって、②一種の鏡の国と言ってもいいような気がする。私は砂漠に身を置くたびに、ある探検家がしみじみと洩《も》らしたつぎのことばをかみしめる。

「砂漠とは、そこへ入りこむさきには心配で、そこから出て行くときにはなんの名残《なごり》もない。そういう地域である。砂漠には何もない。ただ、その人自身の反省だけがあるのだ」

私は、砂漠に自分自身の姿を見に行くのである。

砂漠は、私たち日本人が考えがちなロマンチックな場所ではけっしてない。王子さまとお姫《ひめ》さまが月の光を浴びながら銀色の砂の上を行く──などというメルヘン*の世界ではない。昼と夜とで温度は激変し、一瞬のうちに砂嵐《すなあらし》が天地をおおってしまう、そういうおよそ非情な世界である。

③日本という井戸《いど》のなかに住む蛙《かわず》である私は、こうした砂の世界に足を踏《ふ》み入れたとたん、いつも後悔《こうかい》する。よりによって、なんでこんなところへ来てしまったのか！

だが、その後悔は、やがて反省へ変わり、さらに希望へと移ってゆく。生きることへの希望へ。

この意味で、砂漠こそ最もロマンチックな場所であり、メルヘンの世界だと私は思う。なぜなら、そうした「反世界」へ行こうとすることこそが、現代ではいちばんロマンチックな行為《こうい》のように思われるからだ。メルヘンの世界とは、さかさまの国のことである。だとすれば、砂漠行こそ、まさしくメルヘンの国への旅ではないか。

（森本哲郎《もりもとてつろう》「すばらしき旅」）

＊人間いたるところに青山あり＝「たとえどこで死んでも、骨を埋《う》めるような青山はある。郷里を出て多いに活躍《かつやく》すべきだ」の意味。（青山は「樹木が生い茂《しげ》っている山」のこと。）

＊メルヘン＝童話。おとぎ話。

(1) ──線部①は筆者のどのような心情を表しているか。最も適切なものを次から選び、記号で答えなさい。（6点）

ア 空と砂とが溶け合う砂漠の美しさへの感動。
イ 砂漠に行くことへの逆らいがたい願望。
ウ 砂漠に惹かれることへの漠然とした不安。
エ 乾き切った砂漠の風土に直面した驚《おどろ》き。

（　　）

(2) A・Bに入る言葉の組み合わせとして最も適切なものを次から選び、記号で答えなさい。（6点）

ア A けれども　B そして
イ A つまり　B ただし
ウ A そして　B ただし
エ A けれども　B つまり

（　　）

(3) C・Dには対義語の組み合わせが入る。最も適切な言葉をそれぞれ次の□から選び、答えなさい。（完答6点）

楽観　否定　悲観　暗示　肯定《こうてい》　明示

C（　　）　D（　　）

(4) 重要 記述 Eに入る内容を、「余分なもの」「文化」の二語を用いて、二十五字以内で答えなさい。（12点）

(5) ──線部②は本文中のどの部分を言い換えたものか。十字以上十五字以内でそのまま抜き出しなさい。（10点）

重要 記述

(6) ——線部③は、「私」がどのような人間であることをたとえているか。わかりやすく答えなさい。（15点）

（　　　　　　　　）

(7) 砂漠への旅についての筆者の考えとして最も適切なものを次から選び、記号で答えなさい。（10点）

ア 砂漠への旅とは、何もない場所で青山を見いだすことである。

イ 砂漠への旅とは、文化から余分なものを見いだすことである。

ウ 砂漠への旅とは、銀色の砂からロマンを見いだすことである。

エ 砂漠への旅とは、後悔の向こうに希望を見いだすことである。

（　　）

〔青森－改〕

---

2 次の文章を読んで、あとの問いに答えなさい。

ある明け方、雪景色がおもしろいので、ふと思い立った*宗及《そうきゅう》が、利休《りきゅう》のもとをおとずれた。*はたして、露地《ろじ》の戸が細めに開き、香《こう》のかおりがただよう茶室にともしびの影《かげ》がゆらめいている。利休は、しばらくあいさつなどかわすうち、*水屋の戸をたたく気配に、*醒ヶ井《さめがい》まで水をくみにやったのが帰ったとみえる、とつぶやきつつ釜《かま》をひきあげ、*勝手へ立っていった。客が炉《ろ》の中を見ると、まことにいい具合に炭がおこっている。が、水をかえたのではもう少し強いほうがいい、炭をつぎたしているところへ、主《あるじ》がかえってきたので、その*由《よし》をいうと、利休は大いに喜び、「①かやうの客に会ひてこそ、湯わかし、茶たてたる甲斐《かい》はありけれ」と、後に弟子たちに語ったという。

私はこの風景が好きである。何でもないところに、よく仕組まれた舞《ぶ》踊《よう》でも見るような、完全な調和とリズムが感じられ、雪の降り積む音さえ聞こえてくるような気がする。いや、そんな言い方も②空々しくひびくような、ぴたりとしたものがある。利休は後に「かやうの客に会ひてこそ、云々《うんぬん》」とほめたかもしれない。が、そのときは、言葉の入る余地もないほど、③満ち足りた思いでもてなしたことだろう。人間のつきあいには、社交と呼ばれるものとまた別な、*饒舌《じょうぜつ》も理解も必要としない世界がある。

忘れがたい瞬間《しゅんかん》というものは、一生のうちに何度かあるものだ。そういうかけがえのない時をとらえて、芭蕉《ばしょう》は「*命二つの中にいきたる桜かな」とうたったが、④茶道も別のことを語るものではないように思う。うかうか過ごしたら、見のがしてしまうような体験を、物を媒介《ばいかい》にたえずつくり出す機会を与《あた》える。芭蕉の桜は、たとえていえば利休の炉だ。十七字の組合《くみあわ》せが俳句をかたちづくるように、道具をめぐって、人間の心と心がふれ合う。

利休は、茶の湯とは、ただ湯を沸《わ》かし茶をたてて飲むばかりのものと知るべしといったという。いくら桃山時代でも、雪がおもしろいからといって、ふらりと訪ねてくるような客はまれだった。茶人ははくほどいたけれど、炭が足りないから、つぐといったような、ごく当たり前なことをしてくれる人もいない。ああ、なんとただ湯を沸かし茶をたてて飲むばかりのことが人間にはできにくいか。このほとんど口を閉ざした⑤定義には、そういう嘆息《たんそく》がこめられているような気がしてならない。

（白州《しらす》正子《まさこ》「無言の言葉」）

＊宗及＝津田宗及《つだそうきゅう》。利休とともに茶道を志した人物。
＊はたして＝思っていたように。
＊水屋＝茶室の隅《すみ》にある茶器を洗うところ。
＊醒ヶ井＝京都にある、名水で知られる井戸。
＊勝手＝台所。
＊由＝事情。
＊饒舌＝多くしゃべること。
＊命二つ＝二十年ぶりに再会した、芭蕉とその友人の服部土芳《はっとりとほう》のこと。

記述

(1) ――線部①のように思わせた「かやうの客」のふるまいについて、十字以内で答えなさい。（5点）

(2) ――線部②「空々しく」とあるが、「空々しい」の意味として最も適切なものを次から選び、記号で答えなさい。（5点）

ア おおげさなさま。
イ 現実味がないさま。
ウ 真実味がないさま。
エ はっきりしないさま。

（　　）

難 記述

(3) ――線部③について、筆者はなぜ利休が「満ち足りた思い」になったと考えているのか。その理由を四十字以内で答えなさい。（15点）

(4) ――線部④で、筆者が「茶道」について述べる際に、芭蕉の句を取り上げているのはなぜか。その理由として最も適切なものを次から選び、記号で答えなさい。（5点）

ア つい見のがしてしまうような桜の美しさに気づいている句だから。
イ 自然と人との一体感を、十七字の組合せで表している句だから。
ウ 友人と再会する機会を与えられ、命の尊さを感じている句だから。
エ 桜のもとで、かけがえのない時を二人で共有している句だから。

（　　）

(5) ――線部⑤「定義」の指す部分を本文中から抜《ぬ》き出し、初めと終わりの五字を答えなさい。（完答5点）

〜

〔滋賀－改〕

5 随筆② 感動の対象を読み取る

月　日

解答▼別冊5ページ

1 次の文章を読んで、下の問いに答えなさい。

　日本の夏は夜になってもなかなか気温が下がらない。その暑さのなかで、火から光だけを切り離《はな》して花火という遊びに変化させたのは誰《だれ》だったのだろう。人は火を大切にして、火遊びは堅《かた》く禁じられてきた。その火から闇《やみ》に光の花を咲《さ》かせて一瞬《いっしゅん》の美しさを楽しむのが花火である。

　打上《うちあげ》花火のもとは、竹筒《たけづつ》に火薬を詰《つ》めて、空に打ち上げ、雨乞《あまご》いや疫病《えきびょう》を祓《はら》うため、神に祈願《きがん》したことから起こったものだという。まだ花火の美しさとは無縁《むえん》の、大きな音と高く飛ぶことの競い合いだったかもしれない。いつのころからか火薬を巧《たく》みに調合して、光に色を加え、空いっぱいを彩《いろど》る見事な花に仕上げたのだ。

　それでも打上花火の音の大きさは、日常の音からかけ離れた大きさである。近くにいれば火薬の爆発《ばくはつ》による振動《しんどう》はずしんとみぞおち*に響《ひび》く。三つくらいのころに、花火を見に連れて行かれた。遠くで、どーんとなっているうちはよかったが、近づくにつれてその音のすさまじさ、足がすくんで動けない。もっと前に行かなければ見られないと言われても、恐《こわ》くて我慢《がまん》できず泣き出してしまった。他の人たちは花火を見に行き、私だけは付き添《そ》いの人に連れられて家へ帰された。どんなに綺麗《きれい》なものかと、話されるたびに楽しみにしたのに、その悲しさつまらなさ、だが我慢できない恐怖《きょうふ》感を身にしみて覚えた。

　①それからというもの、花火は線香《せんこう》花火一本ばかり、その線香花火でさえ、火がついた火薬がじぶじぶいいはじめると、こよりの先を持っていられない。母は私に割りばしを持たせ先の方に花火のこよりを差し込《こ》んでくれた。随分《ずいぶん》、臆病《おくびょう》な子供だったのだ。それでも火薬が燃えて赤い火の玉ができ、輝《かがや》く赤い光のレース状の花がばらりばらりと闇に浮《う》く美しさは何とも言えない。玉はひと花ごとにやせてゆき、周

(1) [語句補充] A・B に入る言葉をそれぞれ次から選び、記号で答えなさい。

ア 知るよし　イ 目の付け所　ウ 返す言葉
エ 足の踏《ふ》み場　オ 身に覚え

A（　　）B（　　）

重要 記述
(2) [内容把握] ——線部①とあるが、どのようなことがあってからか。筆者の体験とそのときの心情を踏まえて、「こと。」につながるように、四十字以上五十字以内で答えなさい。

こと。

重要 記述
(3) [心情把握] ——線部②で、「ため息になった」のはなぜか。その理由を三十五字以内で答えなさい。

りに小さな光を弾《はじ》き出して、ついに細い糸がすいすい流れる柳《やなぎ》に変わる。その細い光の流れ落ちる先に、こちらの目も吸い込まれ、手元の光も目を閉じるように消える。子供の遊びとけなされるが、線香花火は、あのわずかひとすくいの黒い粉が見せる、光の繊細《せんさい》な美しさ面白《おもしろ》さは、花火の原点ではないかと思う。

《中略》

幼い日、あんなに恐《おそ》れた打上花火だが、長い一生という時間のなかで、再び出合う機会に恵《めぐ》まれた。想像以上の人出である。隅田《すみだ》川の両岸を人が埋《う》めつくし、ほんとうに［A］もない。その人の波に、芋《いも》のようにもまれながら、ひと足ごとに打ち上げの時と場所に近づいてゆく期待感は、人の数が増せば増すほど高まってくる。

あたりがいくらか暗くなって、いきなり五、六発たて続けに打ち上げられ、きらめく光が広がった。どっと歓声《かんせい》がわき拍手《はくしゅ》が上がる。あとは川の上手下手から順よく打ち上げられていく。その美しさ見事さに、初めは声を上げて喜んだが、②やがて、ああ、というため息になった。色も美しい、形も工夫されている。組み合わせもよく考えられている。空に花笠《はながさ》を開いた大きさは、年々大きく、またきらきらと降る砂子《すなご》は夢より美しい。右に走り左へ飛んで生きもののように動く光、どれも惜《お》しくて引き止めておきたいのに、目に残像を結んだその時、光は消えている。

今年も何万発の花火が打ち上げられるか［B］もないが、花火ほどぜいたくな、そしてまた誰もが見える場所に立ちさえすれば、一銭*の貯《たくわ》えもなしに楽しめるものはない。花見もいい、祭りもいい、だが夏の夜空に、それ以上はなばなしく一瞬を飾《かざ》るものはない。消える光の美しさは、何とはかなく名残《なごり》惜しい。

（青木玉《あおきたま》「上り坂下り坂」一部省略等がある。）

*みぞおち＝胸骨の下部中央のくぼんだところ。
*一銭＝通貨の単位で、一円の百分の一。ここでは、わずかなお金のたとえ。

(4) 【表現】本文中で用いられている表現とその効果について述べた文として、適切でないものを次から一つ選び、記号で答えなさい。

ア 比喩《ひゆ》表現を多く用いることによって、細やかな情景が眼前に広がるように描《えが》き出している。

イ 色彩《しきさい》の豊かな描写《びょうしゃ》を散りばめることによって、視覚的な華《はな》やかさを印象的に表現している。

ウ 主語を省略した表現を取り入れることによって、整然と論理性をきわ立たせている。

（　　）〔徳島－改〕

読解のポイント

◆筆者の心の動き（感動）を「筆」に「随《したが》」って書いたのが随筆《ずいひつ》である

次の点に留意しながら読み進める。

①何の、どんな点に感動しているか。
②感動や想いをどのように表現しているか。たとえや強調表現に注目。
③なぜその対象に筆者は感動しているのか。

Step A
Step B
Step C

時間 40分
合格点 80点
得点 点

解答▼別冊5ページ

月 日

1 次の文章は、俳人である筆者が、季語の「野焼《のやき》」について述べた文章である。これを読んで、あとの問いに答えなさい。

たまたま野焼について少し書いたことがきっかけとなり、二〇〇二年の春に九州は阿蘇久住《あそくじゅう》の野焼を経験することがかないました。いや、経験したというより、　　　まといになりながら、一緒《いっしょ》に走らせて貰《もら》ったというのが事実です。

まず、久住町のまちおこしグループ代表・佐藤孝《さとうこう》さんから、懇切丁寧《こんせつていねい》なレクチャーを受けました。たとえば、野焼の準備はその前年から始まっていること。防火帯を作ること――これは「輪《わ》地《じ》切《き》り」といって、草地の周囲を帯状に刈《か》り、それが枯《か》れた頃《ころ》に焼いておくことです。そうすれば、春に本格的な野焼をした時に、その輪地切りをした場所から先へは延焼せずに済むからです。その輪地切りは、じつにこまめにたくさんやっておかなければなりません。輪地切りをしてある場所をきちんと焼き、それが終われば隣《となり》へ移り、また、焼く。つまり、一斉《いっせい》に火を放てばいいというのではなく、ひとつひとつ順を追ってやらなければならないのが野焼だということです。

当日は消防車が用意され、ボランティアも地元の人もかなり多数参加。私も火防手《ひぼて》（火打ち棒）を借り、軽トラックの荷台に乗せて貰って出発しました。しかし、のどかだったのはそこまででした。

目的地に着くと、すぐに野焼です。火付け役がぽっぽっぽっと枯草《かれくさ》の根元に火をつけていきます。少したつとすぐ火柱になるのです。思わず、「大変だ！」と火防手でばしばし草を叩《たた》いたのですが、「いや、ちゃんと燃えるべきところが燃えてから叩いて」と注意を受けました。そう、燃やすべきものは燃やす、延焼しそうになったらばしばし叩くのが正しい態度なのでした。そして、どうしてもうまく消えない場合は、ジェットシューター（救命胴衣《どうい》型水鉄砲《てっぽう》のようなもの）を背負った人達が走ってきて、消火に当たってくれます。

圧巻《あっかん》だったのは、草深い谷でした。異常乾燥《かんそう》注意報発令中のなか、そこに火を放てば、「これこそ『業火《ごうか》』か」と立ちすくむような凄《すさ》まじい炎《ほのお》が立ちます。枯草をなめつくすように火のラインが走ってゆきます。燃えてしまった部分は、瞬時《しゅんじ》に黒い絨毯《じゅうたん》になります。火の反物《たんもの》が転がり、そのあとが黒く反転してゆくような――建物が一箇所《かしょ》で燃えているのとは異なり、野焼の火は走るのです。とどまらず、どんどんあたりを塗《ぬ》り替《か》えてゆきます。そして、両側の谷の上から放たれた炎と炎がぶつかりあう谷底は、巨大なエネルギーを得たように、さらなる火柱が立つのでした。

この谷底の火柱は、①私の考えていた「野焼」を完全に覆《くつがえ》すものでした。ビルほどの高さに燃え上がった炎は、かなり離《はな》れていても鼻の頭を火傷《やけど》するほどの熱さであり、顔中が火脹《ぶく》れになるのではないかと思うほどだったのです。阿蘇久住の広さと起伏《きふく》と枯草の量は、小さな畦《あぜ》を焼くのとは全く違《ちが》った規模の、命の危険を伴《ともな》うものでした。

ただ、火とは不思議なもので、恐怖《きょうふ》と共に美しさをもたらすものでした。怖《こわ》くて怖くて仕方がない、しかし、そこにとどまって見届けなければ気が済まないほどに、火は魅力《みりょく》的なものです。草が燃える音は、豪雨《ごうう》に似ていました。そして、火が聳《そび》え立っては消えてゆくたびに、あたりは煙《けむり》と煤《すす》とで夜のようになりました。地面は黒くあたたかで、ちろちろとごく小さい火が残っていたりします。そして、炎がなめつくしたように見えても、草花の芽は青く残っていたのでした。

驚《おどろ》くことに、燃えている真っ只中《ただなか》に一本の木が立っていました。炎の中で両手を広げるように立っているその木のシルエットは、まことにけなげでありました。傍《そば》でいろいろ指導してくださった佐藤孝さんが、「あの木は毎年野焼に遭《あ》う。だから、皮が厚くなっているんですよ」と説明してくれました。②ふっと悲しくなりました。

焼き尽《つ》くされた野は、びゅうびゅうと風が吹《ふ》いています。煙と黒い野が延々と続きます（俳句では「末黒野《すぐろの》」といいます）。一見死の光景のようですが、野焼は一度全《すべ》てを白紙（黒紙というべきか）に戻《もど》し、そこから生命の再生を促《うなが》すものです。害虫は駆除《くじょ》され、枯草は燃えて肥料になり、黒さゆえに地温も上がりやすくなります。野焼はどこまでも「生」の側に立つ作業でした。

「作業」といったのは、理由があります。われわれ俳人は、野焼をどこかで牧歌《ぼっか》的、暢気《のんき》なものとしてとらえています。しかし、野焼は生きるために、その土地の人々が選んだ作業でした。ですから、佐藤さんをはじめ、地元の人達は言いました。「なぜ、取材してるの」と。揶揄《やゆ》するのではなく、本当に不思議に思っているようでした。自分たちは農作業だと思ってやっている、しかし、この人は、火防手で火を叩きながら、走りながら、必死でメモを取っている、と。

そこに住む人達にとって、野焼は生きるための大事な農作業、そのことが、逆に私の胸を打ちました。そして、たとえば、野焼に関する疑問について、地元の人達はつねに明快な答えをくれました。「なぜ、これが必要なのですか」と、ある作業について尋《たず》ねたとします。すると、たちどころに答えが返ってくるのです。「ああ、それはね…」と。ひとつひとつのプロセスにちゃんと理由がある。そして、どの人も言いよどむことなく説明できる、これはやはり、プロの世界だと思ったのです。

帰路、延々と末黒野が続くところを通りました。どこまでもどこまでも、黒、黒、黒でした。「まあ、見事に焼きまくったという感じですね」と思わず漏《も》らしてしまうほど、何キロも何十キロも続くのです。

途中《とちゅう》で見た壮麗《そうれい》な野焼の場所では、野兎《のうさぎ》が一羽焼け死んだと聞きました。逃《に》げ場を失った兎が炎にまかれる瞬間に何を見たのか、私にはわかりません。ただ、人と他のいきものが共存してゆくことの厳しさを思いました。

たった一日の経験で私は体中煤だらけになり、口をきけなくなるほど疲《つか》れましたが、久住の人達は毎年、野焼を行っているわけです。無駄《むだ》な感傷を持たず、きちんと野を焼く、そして生きる。大切なことを教えて貰えた旅でした。

③真の美しさは、生活の中にこそ、ありました。

（櫂未知子《かいみちこ》「季語の底力」）

(1) □に入る適切な漢字二字を答えなさい。（5点）

(2) ——線部①「私の考えていた『野焼』」とはどのようなものか。本文中より十字以内で抜《ぬ》き出しなさい。（10点）

難 記述

(3) ——線部②のような心情になった理由を答えなさい。（15点）

記述

(4) ――線部③とは、どういうことか。七十字以内で説明しなさい。(20点)

〔開成高―改〕

2 次の文章を読んで、あとの問いに答えなさい。

秋のもの静かな日の午後であった。私は*上野《うえの》の森を通り抜《ぬ》けて*根岸《ねぎし》まで行こうと思い、博物館のわき、*新坂《しんざか》上の所まで来た。

この辺は、森も奥《おく》のこととて、道は広く綺麗《きれい》であるが、辺《あた》りは極めて静かだ。左手の方は椎《しい》の木立《こだち》を洩《も》れてちらちらと秋の日が零《こぼ》れ、そして幹と幹との間からは、博物館の煉瓦《れんが》の壁《かべ》が透《す》いて見える。右手は見上げるような大きな*槻《つき》の木が並んで、枝は道を蔽《おお》っている、そしてその下陰《したかげ》の薄暗《うすぐら》い辺りには幾《いく》十基とも知れぬ数多《あまた》の石灯籠《いしどうろう》が、二列になって、*一町余りも続いている。

この石灯籠は、昔、*東照宮《とうしょうぐう》の神前へと*諸侯《しょこう》から献《けん》じたもので、麗々《れいれい》しくその名が刻まれているが、今は邪魔《じゃま》物にされ、寧《むし》ろここへ棄《す》てたという風にして並べ重ねてある。そしてその石燈籠の灯《ひ》入れという灯入れは、尽《ことごと》く小石で埋《う》められている。これはどこにもある、少し離《はな》れて、灯入れを狙《ねら》って小石を投げ、その石が入れば思い事が叶《かな》い、外れれば叶わぬという、かの運試しの結果であろう。

上野の森というのが、既《すで》に一種の感を起こさせるのに、この石灯籠を見ては、更《さら》にその感が強められる。然《しか》るにこの石灯籠をば、運試しというかりそめの*心すさびの的にしている多くの人があると思うと、私は寂《さび》しさと①賑《にぎ》わしさを一緒《いっしょ》に見せられるような気がし、ここを通る度《たび》ごとに、必ず眺《なが》めながら歩くものにしていた。

今日もここまで来、ふと石灯籠の方に目を遣《や》ると、私から五、*六間《けん》前の所に、一人の老婆《ろうば》が、こちらに背を向けて佇《たたず》んでいるのを見た。

老婆は洗いさらした黒い*袷《あわせ》に、幅《はば》の狭《せま》い帯を小さく結び、古びた蝙蝠《こうもり》傘《がさ》を差している。そしてさっきから同じ所に佇んでいたらしい。何をしているのだろうとの好奇心が起こったので、私は歩みを遅《おそ》くして、窺《うかが》うともなく窺い見た。

老婆は屈《かが》んで小石を一つ拾った。そして身を反《そ》らし、*手を担《かつ》いで、ちょうど子供のするようにして、その石をば石灯籠目掛《めが》けて投げた。例の運試しだ、……この老婆が、と思うと、私は微笑《びしょう》したくなった。石は老婆の手を離れると、かちりと笠《かさ》を掠《かす》めて飛び去ってしまった。

老婆はその石の行く手を見送っていたが、やがてまた石を拾い、前と同じようにした。これは台に当たって石灯籠の下に落ちてしまった。

老婆は失望したらしく、暫《しばら》くはぼんやりとしていた。が、やがてまた一つの石を拾い、そしてちょこちょことその石灯籠の下まで行き、棚《たな》へ物を載《の》せでもするような身振《みぶ》りをして、そっとその石を灯入れへ投げ込《こ》んだ。これは無論入った。

②私は吹《ふ》き出してしまった。そして足早になった。その足音に驚《おどろ》いたらしく、老婆は振《ふ》り返って私を見た。

老婆の顔の表情と言ったらない、小さな、皺《しわ》だらけな、いかにも人の善く、気軽そうな顔へ、③きまりの悪いという表情をし、そして歯ぐきを見せて作り笑いをするのであった。私も微笑したいような、④しては悪いような気もして、急いでそのわきを通り抜けてしまった。

老婆よ、御身《おんみ》の皺にも服装《なり》にも、既に運の*賽《さい》は幾十度となく投げられ、試み尽《つ》くされた跡《あと》が見えるではないか、それを今にして更に試みるべく、いかなる残る運を夢みているのであるか。棺桶《かんおけ》の中にまでも夢を連れ込もうとする人よと思うと、私は浅ましいとよりは寧ろ羨《うらや》ましい気がして、新坂を下るのであった。

（窪田空穂《くぼたうつぼ》「残れる運に」）

*上野・根岸・新坂＝いずれも東京都台東区《たいとう》の地名。
*槻の木＝ケヤキの古名。
*一町＝町は長さの単位で、一町は約一〇九メートル。
*東照宮＝上野公園にある神社。
*諸侯＝諸大名。　*心すさび＝気晴らし。
*五、六間＝間は長さの単位で、一間は約一・八メートル。
*袷＝秋から春先にかけて用いる裏地のついた着物。
*手を担いで＝手のひらを上に向けた手を自分の肩《かた》の上に載《の》せて。
*賽＝さいころ。

(1) ――線部①「賑わしさ」とは、ここではどのようなことか。最も適切なものを次から選び、記号で答えなさい。（10点）

ア 周囲に見られるこの日の人通りの多さ。
イ 長い年月のうちに多くの人が運試しをしたこと。
ウ 二列に長く続いている石灯籠の並び。
エ 昔、東照宮へ参詣《さんけい》したであろう諸侯のおもかげ。
オ 公園の奥まで誘《さそ》われてくる風流な人たち。

（　　）

記述

(2) ――線部②「私は吹き出してしまった」のはなぜか。その理由を五十字以内で答えなさい。（15点）

(3) ――線部③「きまりの悪いという表情」をした「老婆」の気持ちとして最も適切なものを次から選び、記号で答えなさい。（10点）

ア 秘密《ひみつ》の願い事を人に知られてしまい悔《くや》しい。
イ 知らない人に挨拶《あいさつ》するのは少し恥《は》ずかしい。
ウ 近くに寄って石を入れたのを見られて気まずい。
エ 早くも思い事が叶ったようでどきどきする。
オ 石灯籠のそばには二人だけしかいないので緊張《きんちょう》する。

（　　）

難 記述

(4) ――線部④「しては悪いような気」がしたのはなぜか。その理由を五十字以上六十字以内で答えなさい。（15点）

〔筑波大附属駒馬高－改〕

6 融合問題

筆者の意図を読み取る

1 次の文章を読んで、下の問いに答えなさい。

雪をのけたしかめてみる褐色《かっしょく》の芽は一寸のたましいを持つ　山崎方代《やまざきほうだい》

①節分から立春へとつづく季節感はとても新鮮《しんせん》だ。気温はまだ上がらず冬の寒さが満ちているのに、立春ということばはとても心を寛《くつろ》がせる。日差しにもどこか暖かさが加わったような感じである。

今年は珍《めずら》しく雪の多い年だったが、それだけにまだ庭に雪がある地域も例年よりは②多いだろう。

それでも立春を過ぎると、その雪の下にはもう春が来ているという確信が強まる。

「雪をのけたしかめてみる」というのは大げさではなく、じっさいに③そうしてみたい衝動《しょうどう》を感じることしばしばである。ふつう雪は草花の芽の周辺からまるく解けはじめるが、北寄りの物かげに芽吹《めぶ》いているものを思うと待ち切れずにそっと雪を除いてやりたくなる。

クロッカスや水仙《すいせん》の緑がほんの少しでも顔を出していたりすると、そのけなげさを褒《ほ》めてやりたいような楽しい気分だ。心にぱっと広がるその明るい陽気こそ春に触《ふ》れたよろこびといえるだろう。

いちはやく春を見るよろこびは、冬にとざされていたような生命力の解放

(1) **[内容把握]** ――線部①「節分から立春へとつづく季節感」とあるが、これとほぼ同じ時期の季節感を詠《よ》んだ和歌として最も適切なものを次から選び、記号で答えなさい。

ア 山里は道もや見えずなりぬらん紅葉《もみぢ》とともに雪の降りぬる

イ 梅の花くれなゐにほふ夕暮《ゆふぐれ》に柳《やなぎ》なびきて春雨《はるさめ》ぞ降る

ウ 志賀の浦《うら》やよせてかへらぬ波の間に氷うちとけ春は来にけり

（　　）

(2) **[文節の関係]** ――線部②の主語を、一文節で抜《ぬ》き出しなさい。

（　　）

(3) **[心情把握]** ――線部③について、このときの筆者の気持ちを説明したものとして最も適切なものを次から選び、記号で答えなさい。

ア 春の暖かさにだれよりもはやく触《ふ》れてみたい。

イ 雪の下に芽吹いているものと早く出会いたい。

ウ 冬芽の成長を少しでも手助けしてやりたい。

エ 雪が草花の芽の周辺から解けるのを確かめたい。

（　　）

を思わせる。今日の私たちのくらしは、それほど冬を苦痛には思わないが、雪の下に芽生える草の芽を見ると、忘れていた自然のきびしさとひとり闘《たたか》っているいのちの強い美しさに感動する。

この歌にうたわれたのは「褐色の芽」だ。

わが庭にいま褐色の芽を育《はぐく》んでいるものは、と見てみると牡丹《ぼたん》の木がある。幸い雪に侵《おか》されていない南がわに暖かそうにしているが、その芽はまさに、冬を越《こ》した自負にかがやくようで、まさに「一寸のたましいを持つ」といいたいような、生き生きとした自己主張をもっている。

こんな冬芽のけなげさに励《はげ》まされて生きてきた人間が、すっかり自然のちからを忘れてくらすようなこのごろである。

自然から学び、自然に報《むく》いる、というように相互《そうご》にたすけあう時代は終わったわけではない。④雪と闘いながら雪となじんできた「一寸のたましい」に感動する心から、自然との間柄《あいだがら》も回復してゆきたい思いである。

（馬場《ばば》あき子「歌の彩事記《さいじ》」）

重要 記述

(4) 【心情把握】――線部④について、筆者が感動しているのは、冬芽のどのような様子か。本文中の言葉を用いて四十字以内で答えなさい。

〔滋賀－改〕

読解のポイント

❶ 融合《ゆうごう》問題とは

①異なる文章を組み合わせて問題としたもの。
例 小説と小説、論説文と評論など。

②一つの文章の中に、質の違《ちが》う作品が折り込《こ》まれたもの。例 詩・短歌と鑑賞《かんしょう》文、古文とそれを題材とした評論など。

❷ 読解の手順

①の場合
・二つの文章の相違《そうい》点・共通点を明らかにする。
・二つの文章が並べられた意図をとらえる。

②の場合
・古文・俳句・短歌などの解釈《かいしゃく》を、筆者の記述を参考にしながら正確にすること。
・何が話題で、筆者の関心がどのような点に注がれているかをとらえる。

1 次の文章を読んで、あとの問いに答えなさい。

孔子《こうし》は、大丈夫《だいじょうぶ》だと思っていた門人たちが、いったん*官途《かんと》につくと、とかく*毅然《きぜん》としたところがなくなって、*権臣たちと妥協《だきょう》しがちになるのを、もどかしく思っていた。で、このごろ門人たちの顔さえ見ると、

「剛《つよ》い人間がいない、剛い人間がいない」

といって、嘆《なげ》いてばかりいる。

多くの門人たちには、それが不思議でならなかった。*仁者とか、知者とか、*中庸《ちゅうよう》の徳を備えた人とかいうのならとにかく、単に剛いというだけのことなら、いくらもそんな人がいるはずだ、と思った。だれの頭にも、その第一人者として、すぐ*子路《しろ》が思い出されるのだった。また、若い門人のうちでなら、申棖《しんとう》という元気者もいた。

申棖は、まだ二十歳《はたち》を二つ三つしか越《こ》していないが、毛むくじゃらな顔に、大きな目玉を光らしていた。議論になると、*破鐘《われがね》のような声を出して相手を圧倒《あっとう》する。負けぎらいで、先輩《せんぱい》だろうとなんだろうと遠慮《えんりょ》はしない。どうかすると、そのがんじょうな肩《かた》を*そびやかして、腕《うで》ずくでこい、といわんばかりの格好《かっこう》をすることがある。大ていの門人たちは、彼《かれ》には弱らされた。孔子ですら手こずることがしばしばあった。

若い門人たちは、弱らされながらも、彼を痛快がった。彼らは、多くの先輩たちが、孔子の前に出るといやに遠慮がちで、いいたいこともいえないでいるくせに、若い門人に対すると、とかく高飛車《たかびしゃ》に出たがるのが、気にくわなかった。その先輩たちを相手に、申棖はいつも思う存分のことをいってのける。時にはむちゃだと思われるようなことまでいうのだが、彼らとしては、いつも自分たちの代弁でもしてもらっているような気がして、愉快《ゆかい》にならざるを得ない。その意味で、彼は彼ら仲間の人気者であり、相当に尊敬されてもいた。そして、だれいうとなく、

「剛いといえば、なんといっても申棖だ。ⓐ先輩の子路だって及《およ》ぶところではない」

というのが、彼ら仲間の定評になってしまっていた。

で、ある日、彼らのうち数名の者が孔子の部屋で教えをうけていたおり、例によって孔子が、「剛い人間がいない」という話をし出すと、待っていたといわんばかりに、一人がいった。

「申棖はいかがでしょう」

孔子は*怪訝《けげん》な顔をして、しばらく彼らの顔を見ていた。そして憐《あわれ》むような目をしながら答えた。

「申棖には欲がある」

門人たちは、ⓑ変な答えだと思った。第一、申棖が欲ぶかな人間だとは思えない。むしろ、金なんかに冷淡《れいたん》すぎるほど冷淡なのが、彼の持ち前である。彼は、金をためることのじょうずな*子貢《しこう》に対して、反感さえ抱《いだ》いている。むろん、*顔回《がんかい》ほどに貧富《ひんぷ》に超越《ちょうえつ》しているとはいえないだろうが、それでも、孔子に欲があるといわれるような人間でないことは、確かである。また、かりに欲の深い人間であるとしても、剛い人間であることだけは、断じて間違《まちが》いない。それは彼の日常が証明していることだし、現に孔子だって、申棖のがんばりには手こずっているくらいなのだから。

彼らはそんなことを考えた。で、一人がすぐ反駁《はんばく》するようにいった。

「先生、申棖に欲があるとは、少しおひどいと思います」

解答▼別冊6ページ

時間	40分
合格点	80点
得点	点

月　日

孔子は微笑《びしょう》した。

「ひどいと思うのか。じゃが、わしは申棖こそだれよりも欲のきつい男じゃと思っている」

門人たちは、あきれたような顔をして孔子を見た。孔子はいった。

「金銭が欲しいばかりが欲ではない。欲はさまざまの形で現れる。申棖が負けぎらいで*我執《がしゅう》が強いのもその一つじゃ。欲というのは、*理非の弁《わきま》えもなく、人に克《か》とうとする私心を指していうのじゃ。*天理に従って金をためるのは欲ではない。これに反して、かりに金には冷淡でも、私情に*かられて人と争えば、それはまさしく欲というものじゃ。申棖は欲がきつい。あんなに欲がきつくては、剛いとはいえまい」

門人たちは、欲というものがⓒそんなものなら、なるほど申棖は欲がきついにちがいない、と思った。しかし、なぜ彼を剛いといえないのかは、まだはっきりしなかった。で、不思議そうな顔をして、孔子を見守った。

「わからぬかの」

と、孔子は嘆息《たんそく》するようにいった。

「剛いというのは、人に克つことではなくて、己《おのれ》に克つことじゃ。すなおに天理に従って、どんな難儀《なんぎ》な目にあっても、安らかな心を持ちつづけることじゃ」

門人たちは、いっせいに頭を下げた。すると孔子は笑いながらいった。

「しかし、お前たちはまだまだ申棖に学ぶがいい。申棖があんなにがんばるのも、金や権勢のためではなくて、天理を求めるためなのだから」

門人たちは、きわどいところで、自分たちの急所をつかれたような気がした。彼らはいくたびかおたがいに顔を見合わせた。そして、きまり悪そうな顔をして、こそこそと孔子の部屋を退《ひ》いた。

（下村湖人《しもむらこじん》「論語物語」）

*官途につく＝役人になる。　*毅然＝意志が強く動じないこと。
*権臣＝権力を持った家来。　*仁者＝理想的な徳を備えた人。
*中庸＝立場が偏《かたよ》らず正しいこと。　*子路＝孔子の弟子の一人。
*破鐘のような声＝大きな太い声。　*そびやかして＝高くあげて。
*怪訝＝不思議に思うこと。　*子貢＝孔子の弟子の一人。
*顔回＝孔子の弟子の一人。　*我執＝自分の意見にこだわること。
*理非＝道理にかなうこととはずれること。　*天理＝天の道理。
*かられて＝追い立てられて。

記述

(1) ――線部ⓐとあるが、何が「及ぶところではない」のか。最も適切なものを次から選び、記号で答えなさい。（6点）

ア 立派な体格で相手を圧倒すること。
イ 孔子も驚《おどろ》くような鋭《するど》い指摘《してき》をすること。
ウ だれに対しても自分の主張を通すこと。
エ 周囲の人から尊敬されていること。

（　　）

(2) ――線部ⓑとあるが、門人たちが「変な答え」と思った理由を二つ答えなさい。（12点×2－24点）

（　　）
（　　）

(3) ――線部ⓒ「そんなもの」とはどういうものか。本文中から二十字以内で抜き出《ぬ》しなさい。（12点）

(4) 次は、本文のもとになった「論語」の該当《がいとう》部分の漢文と書き下し文である。これについて、あとの問いに答えなさい。（6点×3－18点）

【漢文】

Ⓐ子曰《いハク》、吾《われ》未《いまダ》《ずト》レ見二剛《がうナル》者一《ヲ》。Ⓑ或《あルヒト》対《こたヘテ》曰《ハク》、申根《しんたう》《アリト》。

子曰《ハク》、根也《や》欲《アリ》。焉《いづくンゾ》得《ント》レ剛《ナルヲ》。

【書き下し文】

子曰はく、吾未だ剛なる者を見ずと、或るひと対へて曰はく、申根ありと。子曰はく、根や欲あり。焉んぞ□と。

（「論語」公冶長篇《こうやちょうへん》）

① ――線部Ⓐ「子」とはだれのことか。本文中から抜き出して答えなさい。（　　）

② ――線部Ⓑ「或」の言った会話部分を、書き下し文から抜き出しなさい。（　　）

③ 書き下し文の□に入る言葉を答えなさい。（　　）

〔青森－改〕

2 次の文章を読んで、あとの問いに答えなさい。（10点×4－40点）

人間の営みと深いかかわりをもつものに、太陽の動きをもとにした一年のサイクル、四季があります。

*『万葉集』に季節の推移をうたった歌があります。

春はもえ　夏は緑に　紅《くれない》の　斑《まだら》に見ゆる　秋の山かも

四季の移ろいの美をうたいあげた、すばらしい歌です。

草木が芽吹《めぶ》くのを「もえる（萌《も》える）」といい、人生の春も「もえる（燃える）」もの。では、生物界がもえる「はる」とは、どういうことばでしょうか。

『万葉集』に、その手がかりとなる歌があります。

◆冬ごもり　春さり来れば　鳴かざりし　鳥も来鳴《き》きぬ　咲《さ》かざりし　花も咲けれど　山を茂《も》み　入りても取らず　草深み　取りても見ず　秋山の　木《こ》の葉を見ては　黄葉《もみち》をば　取りてそしのふ　青きをば　置きてそ歎《なげ》く　そこし恨《うら》めし　秋山われは

冬がすぎて春がやってくると、今まで鳴かなかった鳥も来て鳴く。咲かなかった花も咲く。しかし山は茂《しげ》り草も深く、手に取ることはできない。一方、秋山の黄葉を見るにつけ、手に取っては賞美し、青い葉を措《お》いては嘆《なげ》く。そこに思わず恨めしさを覚える、そんな心ときめく秋山がよい、という歌です。天智天皇《てんじ》が、春と秋、どちらが*趣深《おもむきぶか》いかと尋《たず》ねたところ、*額田王《ぬかたのおおきみ》が判定した歌だと、*詞書《ことばがき》にあります。

「冬ごもり」とは、春に続く修飾《しゅうしょく》のことばです。「冬ごもり」というと、私たちは寒い冬の間、動物が活動を控《ひか》えたり、人が家に閉じこもったりする「冬籠《ご》り」をイメージしますが、ここの「こもる」とは「隠《かく》れてしまう」という意味。「冬隠《ご》り」とは冬が隠れてしまうことで、英語でいえば、まさに"Winter is over."です。

「冬ごもり　春さり来れば」と続く歌は、ほかにもあります。

冬ごもり　春さり来れば　あしひきの　山にも野にも　うぐひす鳴くも

冬ごもり　春さり来れば　朝《あした》には　白露《しらつゆ》置き　夕《ゆうべ》には　霞《かすみ》たなびく
風の吹《ふ》く　木末《こぬれ》が下に　うぐひすなくも

これらの歌に共通する感覚は、*陰鬱《いんうつ》に覆《おお》われていた自然が晴れやかになる、さあっと野山が開けて輝《かがや》き始める、そういう感じです。私はそのイメージが「はる」につながっていくと思います。

「はる」には、天気がよくなったり晴れ晴れとする「晴る」、芽が膨《ふく》らんだり強く盛《さか》んになったりする「張る」、そして田畑を耕して開く「墾《は》る」などがあります。「晴る」も「墾る」も、明るくなる、見通しがよくなる、そういう意味です。ちなみに、広く平らなところを意味する「はら（原）」も、「はる」の仲間だといわれています。そして「張る」も盛んになってくるという意味をもちます。

（中西進《なかにしすすむ》「ひらがなでよめばわかる日本語」一部改変あり）

*万葉集＝現在残っている中で最も古い歌集。奈良時代に作られたと言われている。
*趣深い＝深い味わいがある。
*額田王＝古代の歌人。
*詞書＝和歌や俳句の前書き。その作品の主題や背景などを記した。
*陰鬱＝心が晴れ晴れとしないさま。

重要 (1) 本文中の◆の歌について説明したものとして最も適切なものを次から選び、記号で答えなさい。

ア　この歌は万葉集に収められたものであり、春は木々が生い茂り山に入ることはできないが、それでも強く望めば季節の風物に触《ふ》れられることもあるという、趣を追及《ついきゅう》することの大切さを詠んだ歌である。

イ　この歌は、冬の間は人も動物も活動を控え閉じこもるということをまず詠み込《こ》んで、これから来《きた》るべき春と対比させることによって、人々の春を願う気持ちを強く表現した歌である。

ウ　この歌には今まで咲くことのなかった花が咲いたり、鳴くことのなかった鳥が鳴いたりしたという客観的な出来事が歌われており、当時の人々の感動がひしひしと伝わってくる味わい深い歌である。

エ　この歌の「冬ごもり」という語は、「春がやってくる」という意味の語で、生き物たちが動き出す春の情景を詠み込んでいるが、結局は秋の方が魅力《みりょく》的だという歌である。

（　　）

(2) ——線部「さあっと」は「瞬間《しゅんかん》的に、または軽《かろ》やかに物事が行われる様子」を表す擬態《ぎたい》語です。次の短歌の（　）に入る擬態語として最も適切なものをそれぞれあとから選び、記号で答えなさい。

① おりたちて今朝の寒さを驚《おどろ》きぬ露《つゆ》（　　）柿《かき》の落葉《おちば》深く　伊藤左千夫《いとうさちお》

② いのちなき砂のかなしさよ（　　）握《にぎ》れば指のあひだより落つ　石川啄木《いしかわたくぼく》

③ 春の鳥な鳴きそ鳴きそ（　　）外《と》の面《も》の草に日の入《い》る夕べ　北原白秋

ア　しんしんと　イ　しとしとと
ウ　さらさらと　エ　あかあかと

〔東京電機大高〕

時間 70分
合格点 80点
得点 　点

解答▼別冊6ページ

1 次の文章を読んで、あとの問いに答えなさい。

梅雨《つゆ》がはじまって間もないある日、文《ふみ》は新居に移ってはじめて善吉《ぜんきち》と諍《いさか》いをした。

「不愉快《ゆかい》だ、今晩は帰らない。」

彼《かれ》はそう言い捨てて飛出《とびだ》していった。

外には夕暮《ゆうぐれ》が近づいていて、雨雲が切れ、日没《にちぼつ》前の太陽が射《さ》してきた。虹《にじ》が架《か》かった。文は陽《よう》を攫《さら》うように抱《だ》きかかえると、

「陽ちゃん、陽ちゃん、はじめて見る虹だよ。」

と声をうわずらせた。

陽は声を立て、昂奮《こうふん》して虹を指差し、取ってくれとでも言うように母親を振《ふ》り返り、足をばたつかせた。

「あれは取れないのよ、取ってはいけないの。だから綺麗《きれい》なのかもしれないねえ。そら、見ててごらん、あっちにはもうすぐお星様が輝《かがや》くから。今夜はお父さんがいらっしゃらないからね、陽は母さんと一緒《いっしょ》に御飯《ごはん》食べよう。」
①娘《むすめ》にそう話しかけているうちに涙《なみだ》がこぼれそうになった。
諍いの原因は単純なことだった。造られてから半年と経《た》っていない窯《かま》で焼かれた作品の批評を求められて、文は、

「色は綺麗だけど、それだけね。」

と心に浮《うか》んだままの感想を述べた。たちまち善吉の顔色が変《かわ》った。

「そりゃどういう意味だ。」

と声が尖《とが》った。

「どうって、言葉通りよ。」

「お前に俺《おれ》の苦心が分《わか》ってたまるか、偉《えら》そうな口をきくな。」

その日は文の方も[A]の居どころが悪かったから、そう言われると引込《ひっこ》んではいられなくなった。

「その言い方はないでしょう。あなたが聞くから正直に言っただけじゃないの。あなたの創るものは気品がなくちゃいけないと思っているから言ってあげたのに、何が偉そうなんですか。そんなに怒《おこ》るんなら、最初から聞かなければいいでしょう。」

「うるさい。」

そして「黙《だま》れ。」を連発すると、窯の近くに立って作品を覗《のぞ》き込んでいる文を突飛《つきと》ばさんばかりに迫《せま》ってきた。撲《なぐ》られると思ったが、

「私が正直なの、あなただって知っていて一緒になったんでしょう。それが厭《いや》ならはじめから結婚《けっこん》しなかったらいいんだわ。」

と言いつのった。善吉はすうっと青い顔になり、

「今夜は帰らない。」

と、文の前を通り過ぎざま押《お》し殺した声で言った。彼女《かのじょ》は去って行く善吉の拳《こぶし》が小刻みに震《ふる》えているのを見た。

（言いすぎたのかもしれない）

そう一人になってから反省したが、自分にはこういうふうにしか出来ないのだとの気持《きもち》も強かった。

その頃《ころ》、善吉はどうしたら納得《なっとく》のいく作品ができるのかと悩《なや》んでいた。新しい家を造った費用を補塡《ほてん》するために正月からはじめた田能村《たのむら》善吉作陶《とう》会という頒布《はんぷ》会は色の鮮《あざ》やかさで評判もよく収入にもなった。それだけに模様を描《えが》き＊釉薬《ゆうやく》をかける時から②「喜ばれるもの」という意識が働い

てしまうのだ。

少し前に善吉は、北京《ペキン》に滞在《たいざい》していたリーチ*が柳宗悦《*やなぎむねよし》に招かれて帰ってくるという話を耳にしていた。そうなればまた彼と一緒に仕事ができると嬉《うれ》しかったが、同時に自分の進歩の遅《おく》れへの焦《あせ》りも生《うま》れた。彼としては柳宗悦の民芸運動に共鳴できる部分も多いのだが、一方、それなら作者の個人的な意志や感性はどうなるのだと否定したい心も動くのであった。しかし、創作主体を強調していたリーチが柳の運動に参加するとなると、自分が間違《まちが》っているのかもしれないという迷いも生れた。焼《やき》上《あが》ってくる作品がもうひとつ得心できないことと、この迷いが重《かさな》り合って、③彼の苛立《いらだ》ちは深かったのだ。そこへ、文の、まるで相手の内面など気にもとめていない批評が出たのである。

善吉は傷ついた。その背後には、母親と文の軋轢《あつれき》があり村の人の批評などもあって結婚というものがこんなに窮屈《きゅうくつ》でギクシャクするものかとの想《おも》いがあった。彼には、結婚で変ることを要求されているのは自分の方ばかりに見えた。文は何時《いつ》どこにいても結婚前の文なのだ。歌を歌いたくなるとよく透《とお》る声で歌った。音楽家になりたかったというだけあって、彼が聞いてもなかなか上手だった。また、善吉の言ったことのどこがおかしいのか、突然《とつぜん》、転げまわらんばかりに笑い出し、思いつくと三日かかっても喰《た》べきれないような大きなプリンを作ったり、急に裁縫《さいほう》をはじめて、半日も B をつめて、善吉が見たこともないような作務衣《さむえ》を縫《ぬ》ってくれたりする。それは間違いなく愛情の現れなのだが、いささか戸惑《とまど》ってしまう。

文には経済とか効率とかいう感覚が欠けていた。時間をうまく使うという意味での合理性もない。そうして、彼女の努力が受容《うけい》れられないと、ひどく悲しそうな顔になって、怒ったり涙ぐんだりする。その表情はどうみても十五、六歳《さい》の少女で、善吉は抵抗《ていこう》力をなくして従わない訳にはいかなくなる。

時々、彼は「芸術家は僕《ぼく》の方だぞ。」と主張したくなった。経済の観念が欠けていていいのは僕の方のはずだ。そう思うと善吉は腹立たしかった。家の改造に思いの外《ほか》かかったので追加の資金が必要だった。そう思って売りやすいものを作ると、綺麗だけどそれだけね、などと言う。そう考えていると憤《いきどお》ろしさは増幅《ぞうふく》されて喉《のど》もとを突上《つきあ》げてくる。

夢中で田圃《たんぼ》のなかを通っている道を走ってきた彼は息苦しくなって速度を緩《ゆる》めた。薄暮《はくぼ》のなかに拡《ひろが》っている田園とその先の吉野《よしの》の山々を眺《なが》める余裕《よゆう》が出てきた。

「馬鹿《ばか》めが、この馬鹿めが。」

と、④彼は時おり固めた拳で腿《もも》を打ったりして黄昏《たそがれ》の道を歩いていった。罵《ののし》っている相手が文なのか自分なのか、あるいは自分達が陥《おちい》っている状《じょう》況《きょう》なのか分《わか》らなくなっていた。そのなかから、泣きじゃくっている文の様子が、そこだけ照明の当《あた》った舞台《ぶたい》のように浮んできた。

彼は歩速をゆるめ、ようやく立止《たちどま》り、しかしここで戻《もど》ったのでは戒《いまし》めにならないと考えなおして、駅前の酒屋で一杯飲んでからにしよう、その前に京都の知人に電話をして窯を借りる相談をしようと計画を立てた。

この日の経験を文は、

「いまにも別れてしまいそうに言い合った私達、やがて静かに向き合い、夕餐《ゆうさん》をとりける。」

と、散文のような、詩のような文章で日記に書いた。

（辻井喬《つじいたかし》「終《おわ》りなき祝祭」）

*釉薬＝陶磁《とうじ》器などを製作する際、粘土《ねんど》等を成形した器の表面にかける薬品のこと。
*リーチ＝バーナード・リーチ。イギリス人の陶芸家で、たびたび日本を訪問した。
*柳宗悦＝民芸研究家。無名の職人が作った日用品に美しさ（「用の美」）を見出し、再評価していこうとする民芸運動を起こした。

(1) A ・ B に入る漢字一字の言葉をそれぞれ答えなさい。（5点×2－10点）

A ［　］　B ［　］

重要

(2) ――線部①「娘にそう話しかけているうちに涙がこぼれそうになった」とあるが、このときの心情の説明として最も適切なものを次から選び、記号で答えなさい。(8点)

ア 夫との言い争いによる動揺《どうよう》を、子どもへの愛情をもって落ち着かせようとしているが、夫の行動に対する恐怖《きょうふ》心をぬぐい去ることができず、今後の家庭生活に大きな不安を感じている。

イ 言い争いの最中の夫の振《ふ》る舞《ま》いにすっかり幻滅《げんめつ》してしまい、夫への愛情が急速に冷めてきており、このような家庭の中で成長していかなければならない子どものことを不憫《ふびん》に思っている。

ウ 夫の権幕にすっかり動揺してしまい、子どもに意識を向けることで平常心を取り戻そうとしているが、子どものことを考えると、夫との関係をどう修復するかという課題に心を痛めている。

エ 自分の心ない発言による言い争いで夫の機嫌《きげん》を損じてしまい、またその様子がすっかり子どもを不安にさせてしまったために、気配りの足りない自身の至らなさを反省しつつ、深く恥《は》じている。

オ 子どもに意識を向けることで自分を落ち着かせようとしてはいるが、あまりにも率直な発言をしてしまった自分を反省しつつも、そうすることしかできなかったという相反する思いを抱《いだ》いている。

(　　)

(3) ――線部②「『喜ばれるもの』という意識が働いてしまう」とはどういうことか。その説明として最も適切なものを次から選び、記号で答えなさい。(8点)

ア 本来ならば自分の納得のいく作品を追求するべきだが、自身の進歩のなさをごまかすために、奇抜《きばつ》な技巧《ぎこう》を用いた作品を作ろうとしてしまうこと。

イ 本来ならば自分の納得のいく作品を追求するべきだが、自身の進歩のなさをごまかすために、無名の職人の中にまぎれて作品を作ろうとしてしまうこと。

ウ 本来ならば自分の納得のいく作品を追求するべきだが、家の改造にかかった資金を捻出《ねんしゅつ》するために、有名な陶芸家が好むような作品を作ろうとしてしまうこと。

エ 本来ならば自分の納得のいく作品を追求するべきだが、家の改造にかかった資金を捻出するために、民芸運動への賛《さん》意《い》を前面に表した作品を作ろうとしてしまうこと。

オ 本来ならば自分の納得のいく作品を追求するべきだが、家の改造にかかった資金を捻出するために、世間の評判がよく収入につながるような作品を作ろうとしてしまうこと。

(　　)

重要

(4) ――線部③「彼の苛立ち」とあるが、なぜ彼は苛立っていたのか。その理由として最も適切なものを次から選び、記号で答えなさい。(8点)

ア 自身の感性を表現したいという思いを作品でうまく表現できない中、柳宗悦の民芸運動に対して、善吉と同じ立場にあると思われたリーチが、自分と決別したうえで民芸運動を主宰《しゅさい》するという話を聞いたため。

イ 自身の感性を表現したいという思いを作品でうまく表現できない中、柳宗悦の民芸運動に対して、善吉と同じ立場にあると思われたリーチが柔軟《じゅうなん》に対応しているという話を聞き、自身の頭の固さに失望したため。

ウ 自身の感性を表現したいという思いを作品でうまく表現できない中、柳宗悦の民芸運動に対して、善吉と同じ考えを持っていると思われたリーチが柳の運動に参加するという話を聞き、自身の信念が揺《ゆ》らいだため。

エ 自身の感性を表現したいという思いを作品でうまく表現できない中、柳宗悦の民芸運動に対して、善吉の考えに近いはずのリーチが自身の名声のために柳におもねっているという話を聞き、柳への信頼《しんらい》が揺らいだため。

オ 自身の感性を表現したいという思いを作品でうまく表現できない中、柳宗悦の民芸運動に対して、善吉と同じ立場にあると思われたリーチが民芸運動に参加することで陶芸家として進歩しているという話を聞いたため。（　　）

重要 (5) ――線部④「彼は時おり固めた拳で腿を打ったりして黄昏の道を歩いていった」とあるが、このときの心情の説明として最も適切なものを次から選び、記号で答えなさい。（8点）

ア 経済の観念がない文の振る舞いに憤《いきどお》りつつ、そうした文に結局は優《やさ》しく接してしまって強く出られない自分に対して憤るとともに、村人たちに批判される弱い自分をむち打つことで、その憤りを抑《おさ》えようとしている。

イ 経済の観念がない文の振る舞いに憤りつつも、そうした文を変えられなかった自分のふがいなさや自分に対する村人たちの批評への憤りを抑えることができず、自分を痛めつけることで、その憤りを抑えようとしている。

ウ 経済の観念がない文の振る舞いに憤りつつも、納得のいく作品を作り出せない苛立ちを文に向けている自分のふがいなさや自分たちを取り巻く環境《かんきょう》への憤りも抑えられず、むやみに憤りのはけ口を見つけようとしている。

エ 経済の観念がない文の振る舞いに憤りつつ、そうした文に振り回されて合理性を追求するような、芸術家らしからぬ変化を起こしてしまっている自分に対する憤りを自らに向けることで、自身を奮起《ふんき》させようとしている。

オ 経済の観念がない文の振る舞いに憤りつつ、また彼だけに変化を強要する文への憤りも重ねて感じているが、その一方で何よりも母親や村の人の言葉に耳を貸さなかった自分自身の頑《かたく》なさに対しても強い憤りを感じている。（　　）

(6) ――線部「自分の方ばかりに見えた」の「ばかり」と同じ用法のものを含《ふく》む文を次から一つ選び、記号で答えなさい。(8点)

ア 集合時刻に十分ばかり遅《おく》れました。

イ 今にも降り出さんばかりの空模様だ。

ウ 夜更《よふ》かししたばかりに、寝坊《ねぼう》してしまいました。

エ 開かずの踏切《ふみきり》ばかりが渋滞《じゅうたい》の原因ではありません。

オ 先週も医者に注意されたばかりではありませんか。（　　）

〔東京学芸大附高〕

2　次の文章を読んで、あとの問いに答えなさい。

コンピュータが、人類を超《こ》える日。

このことに、人々が怯《おび》えるようになったのはいつからだろう。

「2001年宇宙の旅」のHAL＊のせい？

私は、34年前から、人工知能のエンジニアとして生きてきた。

その私の周辺には、いつもこの問いがあったような気がする。

——①人工知能がヒトの知性を超える日が来るのだろうか。

ただ、私はいつも、質問に質問で返した。

「では、あなたの言う、ヒトの知性ってなに？」

新しいデータをすばやく覚え、それを正確に再現できる、「覚えられる、忘れない」、その能力で言ったら、1980年代のコンピュータだって、既《すで》にヒトの能力をはるかに超えていた。

膨大《ぼうだい》なネット情報のフリーキーワード検索《けんさく》ができるようになってからは、気になるデータが瞬時《しゅんじ》に引っ張り出せるようになった。何かの対応に困ったとき、どんぴしゃの、あるいは類似《るいじ》の事例を検索して、なんらかの対応策を練《ね》る。この使い方ができるようになってからのコンピュータは、「覚えられる、忘れない、問題解決の元ネタを提供《ていきょう》できる」に変わった。やがて、これに「デザインや音楽が、自在に編集《へんしゅう》できる」が加わった。はっきり言って、今のコンピュータは、できないスタッフよりはるかに使える。

じゃ、人々が怯える「コンピュータが人類を超える瞬間」ってどこなの？

私は、いつでも、そっちのほうが聞きたかった。

息子が12歳《さい》のときだった。

彼《かれ》に「あなたに会えて、本当によかった。私の息子は、あなたでしか、ありえなかった」としみじみ伝えたことがあった。

彼は、嬉《うれ》しそうに微笑《ほほえ》んだ後、「でもなぜ？」と質問してきた。「運動ができるわけでもない、成績がいいわけでもない、おかたづけもできない。なのに、なぜ？」

「そんなことに、嬉しそうになぜ？　と聞いてくるからよ」と、私は笑った。「誰《だれ》もが納得《なっとく》する正解を、誰よりも正確に、誰よりも速く出してくる、聞き分けのいい優等生が欲しかったら、私は人工知能で作るからいい。そんなのは、人工知能が得意なことだもの。いつも、予想をはるかに超えてはみ出すきみに、わくわくする」

それは、人工知能エンジニアの母親としての、素直な感想だった。

ヒトの尊厳は「優等生である」場所にはない。なぜなら、そんなことは、やがて人工知能にとって代わられるからだ。

20世紀には、あるいは、そうだったかもしれない。偏差《へんさ》値の高さが人の価値だった時代がたしかにあった。けれど、人工知能の世紀に、他人の言うことをよく聞く、正確さが半端《はんぱ》ない優等生脳を育てる価値は、はたしてあるのだろうか。

息子が14歳のとき。

ある雑誌の取材で、「妻の機嫌《きげん》を直す、魔法《まほう》の一言を教えてほしい」と編集者に尋《たず》ねられた。私は答えられず、宿題にしてもらって家に持ち帰った。

息子の答えを期待していたわけじゃない。でも、話していればインスピレーションが浮《う》かぶかもしれないと思い、彼にその話をした。

そうしたら、息子が、「本当にわからないの？」と聞いてくるではないか。「あなたには、わかるの？」と尋ねたら、彼は「たぶんね」とうなずいた。「なじる人は傷ついているんだよ。なじられた理由なんか、この際、関係ない。たとえ、それが筋が通っていなくたって」と彼は続けた。

曰《いわ》く、なじられたら、「ああ、大切な人が傷ついている」と心から思えばいい。そう思ったときに、口から自然に出てくることばが、魔法のことばじゃないの？　オールマイティの便利なことばなんてあるわけがない。ことばは、そんなものじゃない。

　私は胸を突《つ》かれた。

　その昔、幼い息子を理不尽《りふじん》なことでなじることが時折あった。私が仕事と育児と家事の連立で疲《つか》れ果てて、彼に当たったのだ。そんなとき、彼は、必ず、私を抱《だ》きしめてくれた。背中をさすってくれたこともある。理不尽な理由で、悪くもない自分を激しくなじる母親を、である。彼は、私が傷ついていると知っていたのだ……！　私自身も知らなかったのに。

　そんな人工知能を、誰が作れるのだろう？

　ただ、ご飯を食べさせて、抱きあげて、ことばをかけた。私がしたのは、それだけだ。なのに、大人《おとな》たちが彼にかけたことばが、彼の中で再構成されて熟成され、私の世界観を超えた答えとして返ってきた。入力情報をはるかに超えた化学反応である。

　人工知能が、人類を超える日？　ばか言っちゃいけない。②痛みがない人工知能には、生み出せないことばがある。そのことばにこそ、人間の尊厳がある。


　今、彼は25歳になった。

　レーザーの研究をする大学院生で、モトクロスレースもこなすハードなバイク乗り。料理がとびきりうまく、革細工《ざいく》が趣味《しゅみ》で、キャンプの達人。アルゼンチンタンゴを踊《おど》り、友達の面倒見《めんどうみ》がよく、私の事業にいくつものアイデアをくれる彼は、私がこの世で一番好きな男友達だ。どんな人工知能にだって、とって代われない。

　一方で、彼は、偏差値は特段高くない。人に羨《うらや》まれる学歴を持っているわけじゃないし、女たちが振《ふ》り返る容姿を持っているわけでもない。就職戦線も負け通し。ただ、おかげで、相性のいい会社に出逢《であ》ってくれた。一社だけの、相思相愛。迷うこともなく、彼は彼の道を行く。

　彼が「はみ出す存在」だからこそ、人工知能に負ける日に怯えることはない。今までも、そして、これからも。

　よくよく考えてみれば、そもそも人工知能以前に、誰にも勝っていないし、負けてもいないのだ。他者の評価で生きたことがないので、どんな戦いにも巻き込《こ》まれなかった。
　③王道の先頭にいない若者。その強さが際立《きわだ》つ時代なのかもしれない。

（黒川伊保子《くろかわいほこ》「アンドロイドレディのキスは甘《あま》いのか」）

＊HAL＝1968年の映画「2001年宇宙の旅」に登場する人工知能を備えたコンピュータ。宇宙船上で船員を殺害する。

難 記述
(1) ――線部①「人工知能がヒトの知性を超える日が来るのだろうか」とあるが、このような問いが生じるのはなぜか、その理由を答えなさい。（15点）

記述
(2) ――線部②「痛みがない人工知能には、生み出せないことば」とはどのようなことばか。説明しなさい。（15点）

重要 記述
(3) ――線部③「王道の先頭にいない若者」とはどういう人間か。説明しなさい。（20点）

〔開成高〕

7 論説文①

論説文の特徴をとらえる

解答▼別冊7ページ

月　日

1 次の文章を読んで、下の問いに答えなさい。

記憶《きおく》は人間にしかできない。大事なことを覚えておいて、必要なときに、思い出し、引き出してくるというのは、ただ人間のみできることである。ずっとそう考えられてきた。その能力をすこしでも多くもっているのは、〃優秀《ゆうしゅう》〃な人間とされた。教育機関が、そういう人間の育成に力を注ぐのは当然の責務である。

これまでは、これに対して、深く考える必要がなかった。疑問を投げかけるものがなかったからである。ところが、ここ数十年来、しだいに大きく、①記憶と再生の人間的価値がゆらぎ始めた。

コンピューターという機械が出現したからである。コンピューターがその名の示すように計算をするだけなら、それほど、おどろくこともない。コンピューターは計算機の殻《から》を脱皮《だっぴ》すると、すこしずつだが人間頭脳の働きに近づき出した。

そのうちで、すでに確立しているのが、記憶と再生の機能である。これまで人間にしかできないとばかり思われていたことを、コンピューターがどんどん、いとも簡単に片付けてしまう。人間なら何十人、何百人もかかるような仕事を一台でこなしてしまうのを目《ま》の当《あた》り見せつけられて、人間ははじめのうちこそ②舌を巻いて感嘆《かんたん》していられた。

やがて、③感心ばかりもしていられなくなり出したのである。人間とは、なんなのか、という反省がすこしずつ芽生えてきた。われわれは、これまでいっしょうけんめいに勉強して、コンピューターのようになることを目指していたのであろうか。

しかも、記憶、再生とも、人間は、とてもコンピューターにかなわない。

本物のコンピューターとして見れば欠陥《けっかん》があるが、人間コンピューターは、電源はいらないし、どこへでも自分の足で移動できるという点で自《みず》からを慰《なぐさ》めることも

(1) [内容把握] ――線部①「記憶と再生の人間的価値」とあるが、これはどのようなことを「人間的価値」と考えてその価値を認めることか。具体的に説明している箇所《かしょ》を五十字以内で探し、初めと終わりの三字を答えなさい。ただし、句読点等も字数に含《ふく》める。

□□□ ～ □□□

(2) [慣用句] ――線部②「舌を巻いて」の本文中における意味として最も適切なものを次から選び、記号で答えなさい。

ア 涙《なみだ》を流してしまうほど感動して
イ 驚《おどろ》きのあまり固唾《かたず》をのんで
ウ ただ見守るほかに何もできずに
エ 優《すぐ》れていることにひどく驚いて

（　　）

(3) [内容把握] ――線部③「感心ばかりもしていられなくなり出した」とあるが、その理由を説明したものとして最も適切なものを次から選び、記号で答えなさい。

ア 懸命《けんめい》に勉強して、記憶再生の機能を高めてきた人間にとって、コンピューターの方が優秀だという事実は受け入れることができず、さらに人

できるであろう。

きわめて優秀な記憶再生の装置がつくられることになって、不完全な装置を頭の中へ組み込《こ》もうとしてきた、これまでの人間教育が急に間の抜《ぬ》けたものに見え出してきた。学校はコンピューター人間を育ててきた。しかもそれは機械に負けてしまうコンピューター人間である。機械が人間を排除《はいじょ》するのは歴史の必然である。現代は新しい機械の挑戦《ちょうせん》を受けるという問題に直面しているのに、お互《たが》いそれほどの危機感をいだいていない。きのうまでのことがきょうも続き、きょうのことは明日もその通りはこぶであろうという*楽天的*保守主義に目がくらんでいるためであろう。

人間は機械を発明して、これに労働を肩代《かたが》わりさせてきた。機械は召使いで、人間が思うように使いこなす。そう考えることもできるけれども、逆から見ると、人間は□歴史をくりかえしてきたと見ることもできる。ただ便利になったと言って喜んではいられない。

これまでの歴史でもっとも*顕著《けんちょ》な事例は、産業革命である。それまで人力で行《おこ》なわれていた工場作業が、馬力をもった機械によってとってかわられた。それによって、工場の主役は人間から機械に移った。人間は機械を操作するにすぎない。実際にものをこしらえるのは、機械である。

機械に仕事を奪《うば》われた人間は、機械には手の出ない事務所の中に主要な働き場所を見つけて、サラリーマンが生れた。事務のできるのは人間だけである。その事務が複雑になるにつれて、おびただしい事務員が必要になった。

（外山滋比古《とやましげひこ》「思考の整理学」）

*楽天的＝物事にくよくよしないで、明るくよいほうに考える様子。
*保守主義＝これまでの伝統や慣習、考え方などを尊重して、急激な改革を好まない考え方をすること。
*顕著＝際立《きわだ》って目につくさま。

間の記憶力を高める必要が出てきたから。

イ　かつては、コンピューターはその名の示す通り計算をしていただけだが、人間頭脳の働きに近づきだして、記憶再生の機能が人間の能力を超えそうなところまできてしまったから。

ウ　電源の問題を除いては、人間は記憶再生の機能においてコンピューターにはかなわないことで、その能力を育成してきた従来の教育のまずさが明白になり、その改革に焦《あせ》りだしたから。

エ　これまで記憶再生の装置を目指した人間教育が行われてきたが、人間より性能の良いコンピューターが出現することで、人間としての価値を問い直す必要性が生じてきたから。（　　）

重要 記述

(4) [要旨] 本文中の□にはどのような内容が入ると考えられるか。二十字以内で答えなさい。

〔千葉日本大第一高－改〕

読解のポイント

◆論説文とは

筆者が、ある事柄《ことがら》・問題などについて分析《ぶんせき》したのち、**自分の意見**を筋道立てて記述することで読み手に**新たな理解・見方**を示す文章。

時間	合格点	得点
20分	80点	点

月　日

解答▼別冊8ページ

1 次の文章を読んで、あとの問いに答えなさい。

生まれ変わったら一度は相撲《すもう》取りになってみたいし、新潮《しんちょう》社の入社試験で書いた作文も相撲の立ち合いについてだったし（落ちたけど）、人生で初めて文学賞に応募《おうぼ》した作品も相撲小説だった私が今気になっているのは、相撲の本場所での応援が、コンサートのアンコールみたいに変化してきたことである。「豪《ごう》、栄《えい》、道《どう》！」とか「稀勢《きせ》、の、里！」といったリズムで力士の名を呼びながら手拍子《てびょうし》を打つのだ。このような応援の仕方はこれまでの大相撲《おおずもう》の歴史には存在せず、相撲の応援といえば、ひいきの力士の名を館内によく響《ひび》かせる声で叫《さけ》ぶのが名物だった。声援は、集団ではなく個人単位だった。

数年前から沸《わ》き起こった相撲ブームとともにこの応援は発生し、広まっていき、定着しつつある。私みたいなそれ以前からの相撲ファンはたいてい眉《まゆ》を顰《ひそ》めているが、また、力士からも立ち合い前には集中が削《そ》がれるので静かにしてほしいとのお願いがあったりしているが、それはそれとして、時代とともに応援のスタイルなどその競技の文化が変化するのはありうることだろう。

［A］、変化には理由がある。私はそこが気になる。

毎場所、毎日、テレビの放映で手拍子を聞いているうち、私は何かに感触《かんしょく》が似ているなと思った。やがて、はたと気づいた。サッカーの日本代表の試合後などに、渋谷《しぶや》のスクランブル交差点で見られるハイタッチである。私はあれを見るたびに、公共空間でも弾《はじ》けてよいというお祭り騒《さわ》ぎを、日本の人たちはすさまじく、渇望《かつぼう》しているんだなと感じる。そして、寂《さび》しいんだな、とも。

ひとことで言えば、一体感に飢《う》えているのだろう。一体感に飢えているのは、日常が孤独《こどく》だからだろう。［B］居場所がないのだ。あるいは、①所属する場はあっても、そこに過不足なく自分が収まっていると思えないのだ。浮《う》いている、外れている、はみ出している、蚊帳《かや》の外、いてもいなくても同じ、存在感がない、微妙《びみょう》に無視されている、つきあいは表面的で理解し合っているとは言いがたい。そんな疎外《そがい》感を常日頃《つねひごろ》からどこかに抱《かか》えている。

［C］非日常の場で、日常とはまったく違《ちが》う人とのつながりを求めたくなる。力関係や利害関係から解放された、無礼講《ぶれいこう》的な水平のつながりを。その機会の一つがスクランブル交差点でのハイタッチであり、大相撲観戦での手拍子であり、ハロウィンなのかもしれない。

それだけではない。昨年の安保法案反対のデモが盛り上がったのにも、その側面があると思う。昨今の政治の言説はしばしば、マイノリティを傷つける暴力《ぼうりょく》性を帯びており、そのたびに傷つき、孤独感を募《つの》らせる人は多いだろう。私自身もそうだ。

それがデモに行けば、そのような言葉に抗議《こうぎ》しようという人たちばかりだから、傷つかないという安心感があるし、孤独も癒《いや》される。まわりに同調しなくても理解し合えるのだという、②共同性の感覚をもたらしてくれる。ヘイトスピーチ*に対するカウンター*行動に参加すれば、まさに言葉の暴力で精神に重傷を負わされた人たちが何人も、それでも暴力を止めるという意志を露《あら》わにしている。同じ暴力を受けた当事者同士の関わりには、存在の根源を肯定《こうてい》し合える共感という、かけがえのない薬が含《ふく》まれているだろう。

けれど、暴力を振《ふ》るう側のデモや集会にも、おそらく同じ要素がある。暴力を楽しむために来ている者も少なくないだろうが、多くの人は最初は、孤独を癒す居場所を求めて、つまり D を満たしてくれる場として、ヘイトをする集まりに加わるのではないか。

　そうして共同性を感じられる非日常の場に何度も参加するうち、それは非日常から次第に日常へと変わっていく。大相撲観戦だって、仮に毎場所毎日のように国技館へ通えば、それは日常になり、ちょっとした主《あるじ》の気分になってくる。デモも、いつも参加するうち顔なじみができて、仲間となり友だちとなり、③そこでこそ「本当の自分」を感じられるという居場所に変わっていく。

　この感覚を否定することは、誰《だれ》にもできない。私たちは、たとえそれが大自然とか動物相手であっても、何らかの所属意識を持たずには生きられないのだから。

（星野智幸《ほしのともゆき》「一瞬《いっしゅん》の共同性を生きる」）

＊ヘイトスピーチ＝差別的な言動。
＊カウンター行動＝差別的な言動に対する抗議行動。

(1) A 〜 C に入る言葉として最も適切なものをそれぞれ次から選び、記号で答えなさい（同じ記号は二度使えません）。（10点×3＝30点）

ア だから　イ たとえば　ウ でも　エ つまり

A（　）B（　）C（　）

(2) ——線部①とあるが、それはなぜか。その理由として最も適切なものを次から選び、記号で答えなさい。（15点）

ア 場において、まわりに同調して同じような行動を取ることでしか一体感を持つことができないから。
イ 場においてしっくりいかない感覚があり、自分が必要とされているという実感も持つことができないから。
ウ 場に必要とされている実感があり、自分らしく振《ふ》る舞《ま》っているのに物足りなさを感じてしまうから。
エ 場に求められている実感はあるものの、要求に十分に答えられていないことに焦《あせ》りを感じているから。

（　）

(3) ——線部②を言い換《か》えた表現を、これより前の本文中から五字以内で探して抜き出しなさい。（20点）

(4) D に入る言葉として最も適切なものを次から選び、記号で答えなさい。（15点）

ア 自己顕示《けんじ》欲　イ 承認《しょうにん》欲求　ウ 保身欲　エ 支配欲

（　）

重要

(5) ——線部③とあるが、ここにある「本当の自分」を感じとっている者はどのような存在か。最も適切なものを次から選び、記号で答えなさい。（20点）

ア 孤独を癒そうとする集まりに参加するうちに、自分も仲間と同じ疎外感を抱《いだ》いていたことを自覚した存在。
イ 力や利害で成り立っている関係から脱《だつ》して、みずからの意志で発言し行動することができる存在。
ウ 無理に同調せずとも理解し合える関係の中でならば、自分という存在が適度に収まっていられると感じている存在。
エ 日常の中でけっして表には出さないが、可能であれば公共の場でも弾けたい、意志を露《あら》わにしたいと思っている存在。

（　）〔法政大国際高〕

8 論説文②
主張を読み取る

Step A　Step B　Step C

月　日

解答▼別冊8ページ

1 次の文章を読んで、下の問いに答えなさい。

現代科学が「認識《にんしき》論的・物理的・経済的限界」に差しかかっているのは事実である。ようやく原子にたどり着こうとした十九世紀末とは明らかに異なっているのだ。「いずれ科学革命が起こるさ」と、根拠《こんきょ》のない楽観論に安住できる状況《じょうきょう》ではないのである。では、やはり「科学の終焉《しゅうえん》」は訪《おとず》れるのだろうか。

私自身は、科学が終焉するとは思ってはいない。科学の現在のありようを見直し、二十一世紀に求められている科学の新たなあり方を構想すれば、科学は、人々にとって［A］と考えるからだ。

科学の新しい芽生えを期待する方向がある。私が「等身大の科学」と呼ぶもので、「等身大」には三つの意味を込《こ》めている。一つは、対象のサイズが等身大であるということ。「超《ちょう》」や「極」が冠詞《かんし》に付く極限状態にばかり目を向けるのではなく、私たちが日常的に接する「等身大の対象や現象」を相手にするのだ。二つ目は、「研究費が等身大」であるということ。巨大《きょだい》な装置や機械を必要とせず、私たちの体を精いっぱい使ってデータを集めるのだ。三つ目は、誰《だれ》でもが（特に、子どもたちが）気軽に参加できるという意味で「等身大の取り組み」であるということ。誰もが身近に感じ、自分も何らかの寄与《きよ》ができる、そんな科学を構想するのだ。

このような「等身大の科学」を強調するのも、現代の科学があまりに専門分化し、科学者があまりにアカデミック*な世界に閉じこもることへの反省があるからだ。また、科学の世界も経済と同じく右肩《みぎかた》上がりの成果主義に陥《おちい》り、科学と人間や社会との関係を考えなくなってしまった。それらが人々から科学を遠ざけた原因の一つであることは確かだろう。二十一世紀においては自然との共生が大事と説《と》かれているが、自然を征服《せいふく》の対象としてきた科学こそ、それを実践《じっせん》しなければならないと思う

重要
(1) **[文脈把握]** ［A］に入る言葉として最も適切なものを次から選び、記号で答えなさい。

ア より特殊《とくしゅ》なものとなり、より閉鎖《へいさ》的になっていく
イ より高度なものとなり、より専門分化されていく
ウ より重要なものとなり、より豊かに広がっていく
（　）

(2) **[接続詞]** ［B］に入る言葉として最も適切なものを次から選び、記号で答えなさい。

ア しかし　イ すると
ウ だから　エ そして
（　）

(3) **[語句]** 本文中で筆者は、科学の自然へのかかわり方について、対照的な二つの言葉を用いて述べている。その言葉を、漢字二字の熟語でそれぞれ抜《ぬ》き出しなさい。

［　　］↔［　　］

記述
(4) **[内容把握]** 筆者が具体例としてあげた、——線部①「生態系の観察」・②「環境調査」は、どのよう

のだ。そのために、もっと素朴《そぼく》に科学を見直したいと考えて「等身大の科学」を提案しているのである。

そんな科学なんてあるはずがないと言われそうだが、そうでもない。最も手近なのは、①生態系の観察である。田圃《たんぼ》や里山、川や湖、そして干潟《ひがた》や海岸などにいる昆虫、草花や魚介《ぎょかい》類などを観察し、記録することだ。都会に住んでいるなら、近くの公園でも良いし小学校の校庭でも良い。そこには何らかの生き物がいるだろう。農家と契約《けいやく》して週末に出かける方法もある。

例えば、日本のタンポポと西洋タンポポの見分け方をまず学んでから、付近にあるタンポポがどちらのタイプで、どのように分布しているかの地図を作ってみるとしよう。［B］、二つのタイプのタンポポの群れ方がくっきり異なっていることがわかるだろう。なぜ、そんな差があるのか調べてみれば、種によるタンポポの受粉の違《ちが》いがわかり、それは他の草花にも適用できないかと興味が広がっていくのではないだろうか。身近なところに科学の種はいくらでも転がっているのである。

あるいは、②環境《かんきょう》調査を行うのも等身大の科学である。空気や水の汚《よご》れ具合をあちこちの場所で調査し比較《ひかく》するのだ。例えば、大気中の窒素《ちっそ》酸化物を測定する器具が市販《しはん》されているから、それを使って街角ごとにどれくらい空気が汚れているかを調査するとか、川の水のpH*（ペーハー）を測ったり、プランクトンの数を顕微《けんび》鏡で数えたりすることが考えられる。こうして自分で得たデータを見ることにより、環境汚染《おせん》を自らの問題として捉《とら》えるきっかけになるだろう。

（池内了《いけうちさとる》「ヤバンな科学」）

*アカデミック＝純粋《じゅんすい》に学問的な様子。
*pH＝溶液の酸性、アルカリ性の程度を示す数値。「ピーエイチ」とも読む。

なところが「等身大の科学」なのか。筆者の考える「等身大」の内容を明らかにして、六十字以内で答えなさい。

【大阪―改】

読解のポイント

◆読解の手順

①**話題・対象**をとらえる。→何が問題・話題となっているか。

②**筆者の主張**をとらえる。→**客観的事実と筆者の主張を区別**しながら、その論理展開をおさえる。具体例なども筆者の主張をとらえる要素となるので、合わせておさえる。

③**段落の関係性**をとらえる。→キーワードなどをもとに、各段落の要点や相互《そうご》関係をつかむ。

④現在の諸問題を知る。→日頃《ひごろ》から話題になっている事柄《ことがら》に関心を持ち、その理解に努める。

Step A Step B Step C

時間 30分　合格点 80点　得点 点

解答▼別冊8ページ

月　日

1 次の文章を読んで、あとの問いに答えなさい。

「進化」という言葉がある。生物も不変ではなく、長い年月をかけて変化していることが認められている。その過程を進化と呼び、その進化を引き起こす要因を考える進化論は、今も魅力《みりょく》的なテーマだ。

その中で最近よく耳にする言葉が、「共進化」である。異なる生物が、ともに関係ある形で進化し、お互《たが》いが切っても切れない関係になることである。

たとえばランの一種は、あるハチドリだけに花のみつを吸わせる。ハチドリはこの花のみつを吸えるようにくちばしの形を変えた。ランは、この鳥のくちばしでないと、みつのあるところまで届かないように花弁を変容させた。言い換《か》えるとハチドリはみつを独占できる。ハチドリは同じ種類のランだけ訪問するから、ランの受粉の確率は、格段に高まった。これは、どちらかが先に進化して片方がそれに合わせたわけではない。示し合わせたように同時期にくちばしと花弁の形を変え、双方《そうほう》が利益を得るようにしたのだ。

別の種、それも植物と鳥が、まるで相談し合ったようにお互いの姿を変えるとは、どんな自然界の意志があったのだろうか。この共進化の事実こそ、私は自然界の偉大《いだい》なる妙味《みょうみ》だと思っている。

自然界と人間は、まさに共進化を遂《と》げてきたのではなかろうか。自然は人に与《あた》えるばかりではなく、人間の活動の影響《えいきょう》を受けて変わってきた。人も自然の変化に合わせて自らの生活を変えてきた。だから人は自然に合わせて生活を変える一方で、自然も人に合わせる面があってもよいと思えるのだ。花咲《さ》く春と、紅葉の秋を守るために人が自然に手を加えることを非難する気になれない。

自然と人の関《かか》わりを考察しているうちに、「自然とはシステム」だと考えることはできないか、と思いついた。自然を定まった存在としてではなく、常にいくつもの条件が絡《から》み合い変化するシステムとして見るのだ。

そこでは自然と人間社会を厳密に線引きするのではなく、自然が成立する一要素として人間の活動も含《ふく》まれる。たとえば降水の量や年間を通した気温の変化は、自然界を作り上げるのに重要な役割を果たしている。同じく人間の活動も、自然の成立に大きな影響を与えていることを認めてしまおう。人と自然を対立させることなく、人間の活動も自然の一部として見れば、人の暮らしそのものが生態系を作り出す要素だと見ることもできる。

人と自然は持ちつ持たれつである。どちらが優位に立っているとも言えない。

ただ気をつけないといけないのは、現在の生態系は、光、水、気温など実に様々な要素が極めて複雑に作用することで、形作られている。そこには人の知恵《ちえ》では予想もしないつながりが、まだ隠《かく》れているかもしれない。それだけに人間の行動には慎重《しんちょう》さが要求される。人の活動も自然の一部なら、自然をコントロールすることもできるといった思い上がった意識を持つのは危険だろう。

（田中淳夫《たなかあつお》「森林からのニッポン再生」）

記述

(1) ——線部について説明した次の文の□に入る内容を、本文中の言葉を用いて三十字以内で答えなさい。（15点）

異なる生物が、申し合わせたように［　　］ということ。

重要 記述 (2) 本文で筆者は、人間が自然と関わるうえでどのようなことに気をつけなければならないと考えているか。次の三語を用いて七十字以内で答えなさい。なお、三語はどんな順序で使ってもかまいません。（30点）

〔慎重・共進化・人の知恵〕

〔山形―改〕

2 次の文章を読んで、あとの問いに答えなさい。

「問題としての消費社会」ということが盛《さか》んに言われ始めたのは、1960〜70年代にかけてのことでした。ジャン・ボードリヤールというフランスの哲学者《てつがく》がいました。この人が『消費社会の神話と構造』という本を1970年に出版し、1979年には日本語訳も出ますが、この本が話題になって「消費社会」という言葉が一挙に一般《いっぱん》化します。

この本は、長い間「物の欠乏《けつぼう》」に苦しんできた人類は、今や反対に、「物の過剰《かじょう》」に苦しんでいると主張して、衝撃《しょうげき》をもたらしました。それはどういうことなのでしょうか。

そもそも人類の大部分は、気が遠くなるほど長い間「物の欠乏」と闘《たたか》ってきました。天候不順が続けば飢《う》え死にする人が大量に出るような時代が、本当に長い間続きました（今でもそのような状況《じょうきょう》に置かれている人々がいなくなったわけではありませんが）。もちろん、食糧《しょくりょう》だけでなく、全般的に「物が足りない」ということが人類の悩《なや》みの種であり、そのために多くの争いも起きてきたのです。

しかし、18世紀半ばのイギリスで①産業革命が始まったことによって、人類の生産力は飛躍《ひやく》的に上昇《じょうしょう》し始めました。石炭、後には石油・ガスといった化石燃料を物つくりに大量投入することによって、また不眠《ふみん》不休で働いてくれる機械を用いることによって、人類は、「物が足りない」状態から急激に脱《だっ》していくことになったのです。

その成果が、20世紀後半の資本主義先進国では、大変よく見えるようになってきました。飢え死にする人などはほとんどいなくなっただけでなく、上下水道などが整備されることで衛生状態も良くなり、*疫病《えきびょう》の大流行なども起きなくなりました。それだけでなく、大衆が「耐久《たいきゅう》消費財」（典型的には住宅、家電製品、自動車など）と呼ばれる品々を買うことが当たり前になり、生活は飛躍的に快適で豊かなものとなりました。

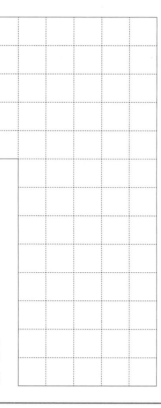

また、こうした品々は、かつては贅沢《ぜいたく》品としてごく一部の金持ちの人々だけが享受《きょうじゅ》することができたのに対して、多くの人々がこれらを買うことが当たり前となったのですから、社会は随分《ずいぶん》と平等になったことを意味します。こうした状態は、長い間人類が「物の欠乏」によって苦しんできたことを思えば、実に驚《おどろ》くべき達成であり、②そのことは多くの人々にとって幸福なことだと実感されていました。

そんななかで、ボードリヤールが「物があふれているために、新しいタイプの人間疎外《そがい》が起きている」と論じたので、大きな衝撃がもたらされたのです。ボードリヤールの述べたことの要点は、次のような事柄《ことがら》でした。物が足りないための苦痛や不幸から逃《のが》れるために人類は生産力の拡大を推し進《お》めてきたが、それによって今度は、③物を消費することに強《きょう》迫《はく》的に駆《か》り立てられる社会が出現してしまった。人類は幸福になるために物の生産をどんどん増やしてきたのに、今やそのためにかえって不幸になっているではないか、と。

　こうした状態は、④現代の資本主義経済の仕組みと深く結びついています。ＴＶや新聞の経済ニュースでは、よくこういう言い回しが使われます。「個人消費が旺盛《おうせい》なので景気が良い」、あるいは「個人消費が低調なので景気が低迷している」。これはつまり、20世紀半ば以降の世界では、特にお金持ちというわけでもない「普通《ふつう》の人たち」がどれくらい消費をするのかということに、経済全体が上手《うま》く回るかどうかということが懸《かか》っている、ということを意味しています。日本の歴史で言えば、１９５４年から１９７３年の間が高度成長期と呼ばれますが、この間、耐久消費財の普及《ふきゅう》が飛躍的に進み、国民の日常生活は激変すると同時に、好景気が続きました。個人消費の伸《の》びと好景気が上手く組み合わさっていたのです。

　こうして大衆の生活はどんどん快適なものとなっていったわけですが、⑤何事にもその裏面というものがあります。というのは、個人消費が伸び続けることが好景気の最大の要因であるならば、好景気を続けるためには、個人消費が伸び続けなければならない、ということを意味するわけですが、人の欲望には限度が本来はあるはずで、個人消費の伸びはいつか頭打ちになるはずだからです。例えば、冷蔵庫のない生活は不便ですから、それがないお家《うち》では欲しくなるでしょう。しかし、普通冷蔵庫は一家に一台あれば十分ですから、一台買えばそれが壊《こわ》れるまで、そのお家は冷蔵庫を買わないでしょう。あるいは、自動車の場合でも、一つの世帯が購入《こうにゅう》する台数には限度があります。要するに、いくら商品があふれていても、必要な物が行き渡《わた》ってしまえば、「もう要《い》らないよ」ということになるわけです。

　しかし、企業《きぎょう》の側から、さらには経済構造全体の側から見れば、これでは困るのです。人々が必要な物を手に入れた後は買い替《か》え需要《じゅよう》を待つだけでは、売り上げが伸びないので企業の業績＊は伸びず、経済全体では不景気になってしまいます。そこで考え出されたのが、人々の欲望の限度を取り払《はら》って、「もう要らないよ」という風には決して思わせない、という戦略です。

　その戦略はいくつかの面を持っています。一つには、「必要な物」の品目を増やしていくことです。例えば、１９５０年代の日本では、洗濯《せんたく》機、冷蔵庫、白黒ＴＶが「三種の神器」と呼ばれて、生活必需品《ひつじゅ》となりました。それらが一通り行き渡った１９６０年代には、今度はカラーＴＶ、自家用車、クーラーが「新・三種の神器」と呼ばれるようになって、必需品だと考えられるようになりました。ここからわかるのは、⑥「必要」とか「必需」というのは、相対的だということです。生活を送るために何が絶対に必要なのか、ということに対する人々の考え方は変化するのです。

（白井聡《しらいさとし》「消費社会とは何か――『お買い物』の論理を超《こ》えて」）

＊疫病＝悪性の伝染《でんせん》性の病気。　＊業績＝仕事・事業・学術研究上の成果。

(1)　――線部①「産業革命」によって起こった変化として最も適切なものを次から選び、記号で答えなさい。（8点）

ア　金持ちとそうでない人との間に格差が広がることで、消費されるものの傾向《けいこう》にも偏《かたよ》りが出てくるようになった。

イ　物資が大都市だけでなく、地方まで広く行き渡ることにより、食糧不足の問題が解消され、富裕層《ふゆう》も増えた。

ウ 国が民間に融資《ゆうし》した成果があらわれ、耐久消費財の輸出量が大幅《おおはば》に増加し、工業国として大いに発展した。

エ 公共施設《しせつ》を整備することによって健康的な生活を送れるようになった上に、階層を問わず、人々が消費力を高めた。

（　　）

記述

(2) ――線部②「そのこと」とはどういうことか。「…こと。」につながるように、本文中の言葉を用いて十二字以内で答えなさい。（8点）

こと。

(3) ――線部③「物を消費することに強迫的に駆り立てられる社会」とは、どのような社会か。最も適切なものを次から選び、記号で答えなさい。（8点）

ア 消費者が貯蓄《ちょちく》よりも消費を重んじるようになることで、国の経済力が落ちてしまうような社会。

イ 「普通の人たち」が常に物を買い続けることを迫《せま》られ、かえって経済的に苦しんでしまうような社会。

ウ 人々の欲望を絶えず刺激《しげき》することで、物を買わずにはいられない状況へと追い込むような社会。

エ 消費者優位の視点にこだわるあまり、常に消費者が求めるものを生産しなければならなくなるような社会。

（　　）

(4) ――線部④「現代の資本主義経済の仕組み」とあるが、経済全体に大きな影響《えいきょう》を与《あた》えるものとして何と何との関係が挙げられているか。次の空欄《くうらん》に入る言葉をそれぞれ本文中から四字以内で抜き出しなさい。（完答8点）

［　　　　］と［　　　　］との関係

重要 記述

(5) ――線部⑤「何事にもその裏面というものがあります」とあるが、「裏面」とはどういうことか。「必要な物」「欲望」「もう要らない」の三語をこの順に用いて、「…ということ。」につながるよう、三十字以上四十字以内で答えなさい。（15点）

ということ。

(6) ――線部⑥の「『必要』とか『必需』というのは、相対的だ」とあるが、その説明として最も適切なものを次から選び、記号で答えなさい。（8点）

ア 必要な物と必需品の間にはそもそも境界線などなく、本質的にはどちらも同じようなものである。

イ 人々が何かを判断する際には、必要な物か、必需品かという基準を各々《おのおの》で決めなければならない。

ウ 必要な物であるとか必需品であるとかいう感覚は、時代や生活様式、その人の好みによって異なってくる。

エ お互いに議論をたたかわせる中で、何が必要な物で、何が必需品であるかという問題の答えはみえてくる。

（　　）

〔十文字高－改〕

9 論説文③

論理の展開をとらえる

解答▼別冊9ページ

1 次の文章を読んで、下の問いに答えなさい。

「感動することをやめた人は、生きていないのと同じことである。」

「これは、＊相対性理論を発見した、二十世紀最大の天才科学者と言われている＊アインシュタインが残した言葉である。人は生きていく中で、実に多くのものに出会っている。たくさんの人たちに出会い、初めての街や風景に出会い、味わったことのない美味《びみ》に出会う。その一つ一つに感動を覚えることで、人生はキラキラと輝《かがや》いてくる。

もしも目の前にある新しい出会いに気づかなかったら、せっかくの新しい発見に感動することがなかったら、私たち人間はたちまち輝きを失ってしまう。ただ肉体が活動しているだけで、精神は死んでしまっている。それはもう、人間として生きていることにはならない。アインシュタインはそう言いたかったのだろう。

今私たちが生きているこの世界。もっと広い言葉を使うなら、この宇宙。その中でいろんな物事に目を向けて、新しい見方を得ていく。それこそが「感動」であると私は思う。そしてそのために必要なのが創造性である。人間は創造的に生きることで、「感動」という人間にしか味わえないものを手に入れることができるのである。

この「創造性」という言葉はよく耳にする。子供の教育についても、「創造性を伸《の》ばそう」などと言われている。ただ、よく使われる言葉の割には、どこか①とっつきにくい印象をも持っている。

創造性なんていうものは、一握《ひとにぎ》りの芸術家や、あるいは才能に溢《あふ》れた人だ

(1) 記述 【内容把握】――線部①「とっつきにくい印象」とあるが、なぜ創造性という言葉はとっつきにくい印象を持たれると筆者は思っているか。六十字以内で答えなさい。

(2) 【指示語】――線部②「その」が指す内容を、本文中から二十五字以内で抜《ぬ》き出しなさい。

こと

(3) 【「れる」の識別】――線部③「れる」と同じ意味・用法のものとして最も適切なものを次から選び、記号で答えなさい。

けのものだ。平凡《へいぼん》な人間にとっては縁《えん》のないもの。そんなふうに思っている人が少なくないのではないだろうか。しかしそれは大きな勘違《かんちが》いだ。創造性の一カケラもない人間なんてこの世にはいない。いかなる民族も、年齢《ねんれい》や性別に関係なく、すべての人間には創造性が備わっている。もっと広い意味で言うなら、創造性とはすべての生命が等しく持っている性質であるとも言えるだろう。

生命の起源をふり返ってみると、②そのことがよく分かる。生命のスタートは、とても単純な構造で始まっている。たった一つの細胞《さいぼう》が生まれ、それがどんどん多細胞生物へと進化していく。そしてカンブリア爆発《ばくはつ》（五億《おく》数千万年前の古代カンブリア紀に動物が爆発的に多様化し、大進化が起こった現象）と呼ば③れる劇的なドラマによって、生命は大きな進化を手に入れてきたわけである。

こういった④生命の歴史を考えてみると、生命というものは、常に新しいものを生み出してきたということが分かる。言い換《か》えるなら、「生命は常に創造をくり返してきた」と言えるのだ。

新しいものをつくる、新しい形になる、そしてそのたびに新しい機能を獲《かく》得《とく》していく。まさに生命そのものが創造性と切り離《はな》すことができないものなのである。

少し難しい話になってしまったが、要するに私たちが「生きている」ということは、すなわち何かを創造し続けていることなのである。何もそれは芸術的なことでなくてもかまわない。大そうなものを創造することではない。日々の暮らしの中で私たちは何かを生み出し、そして変化し続けている。だからこそ、人生は刺激《しげき》に満ち満ちている。

（茂木健一郎《もぎけんいちろう》「感動する脳」）

*相対性理論＝物理学上の基本理論。　*アインシュタイン＝理論物理学を研究した人。

ア　思い出される出来事は楽しかったことばかりだ。
イ　以前買った服でまだ着られるものが多くある。
ウ　後輩《こうはい》から慕《した》われる先輩となるように努める。
（　　）

重要

(4) **［内容把握］**　――線部④「生命の歴史を考えてみる」とあるが、ここで筆者が「生命の歴史」に着目した意図は何か。最も適切なものを次から選び、記号で答えなさい。

ア　創造性とは、すべての生命が等しく持っている性質であることを、生命の進化に照らして述べるため。
イ　宇宙の様々な物事に目を向けて新しい見方を得ることの大切さを、生命の起源と比較《ひかく》して述べるため。
ウ　創造性の一カケラもない人間はいないということを、民族や年齢、性別といった見方から述べるため。
（　　）〔群馬―改〕

読解のポイント

◆**筆者の意図を読み取る**
①筆者の言いたいこと。→**最終段落**に着目。
②①のために、筆者はどのように論理を展開しているか。→**接続詞**に着目し、どのような**段落構成**になっているかをとらえる。

時間 40分　合格点 80点　得点　点

月　日

解答▼別冊9ページ

1 次の文章を読んで、あとの問いに答えなさい。

　2003年、ヒトのゲノムが解読された。ゲノムの特性を明らかにする遺伝子解析《かいせき》技術が急速に進歩し、その応用面がオーダーメイド医療《いりょう》として期待を集めている。ガン・糖尿《とうにょう》病・心筋梗塞《こうそく》などといった遺伝子の関係する疾患《しっかん》に対して、ゲノム解析によって個々人に最良の治療《ちりょう》法を見つけ出そうというものである。［A］ES細胞《さいぼう》（胚《はい》性幹細胞）の研究・開発も進んでいる。これまでにも多くの医療技術の進歩があったが、これら二つは、遺伝と発生過程という生物の根本的メカニズムをコントロールする究極の医療技術だといえるだろう。こうして近い将来、様々な要因での死が非常に高い確率で取り除《のぞ》かれることが予測される。これは死によって形づくられてきた人類の生活史・生態に大きく影響《えいきょう》を与《あた》えるだろう。

　現代の文明社会、そして私たちの生活は、こういった技術発展によって非常に急速に変化している。それに対処して、私たちはあるべき生活を確立しなければならない。

　社会・生活を変えつつあるもう一つの技術に、コンピューターとネットワーク技術がある。これらが知らない間に、隅々《すみずみ》にまでいきわたりつつある。そしてそれらを受けて、「脳化」が今後ますます伸展《しんてん》するだろうと予測される。［B］体力が不要で、煩《わずら》わしさの極少の社会・文明の到来《とうらい》である。労働・作業は、最低限の物理的操作で済んでしまう。身体を動かして、やり方やルールを習得し、手指から身体全体をもちいた作業形態でなく、マニュアルをいかにうまく読みこなし、機器を操作するか、という能力が求められることになる。機器の操作自体は、非常に簡便化されている。さらに頭に電極をつけて、作業の内容を思い浮《う》かべるだけで、機械（ロボット）が操作されるといった究極の頭脳労働形態ももたらされ、それは家庭にも持ち込《こ》まれるだろう。「脳化」と言っても、非常に偏《かたよ》りのある脳の利用法である。

　①こういった社会・文明の変化を受けて家族構成、世帯のあり方も変化している。三世代家族は少なく、大多数が核家族となって久しいが、それさえも成立せず、個人がそれぞれで暮らす世帯が増えている。家族というものがもはや再生産＝生殖《せいしょく》（産み・育てる）の場でなくなりつつある。それは子供たちが何を、どこで、誰《だれ》から学んでいるかを見ればよくわかる。コンピューター・ゲームであり、学校・学習塾《じゅく》での学習である。一昔前の、親のやっている労働・家事を見て、覚えるという模倣《もほう》を基本とする学習でなくて、意識の上で学習する最小限の言語・算数などであり、身体運動と関連させる学習は、せいぜい機器の操作（コンピューター・ゲームや携帯《けいたい》電話）である。父親は給料を稼《かせ》ぐ人であり、その労働作業内容は「生産」という過程からは、ずっとかけ離《はな》れていて、すでに機器の操作が大半となっている。機器とその操作法は日□だから、父親のやっていることは、子供たちの将来のモデルになりえない。こういったところで、親と子の関係は、変化せざるを得ない。日本では②「子は親の背を見て育つ」などと言われるが、それだと全く父親から生き方を学べないだろうし、父親も遺伝子以外、子に何も伝えられないことになるだろう。家庭での作業や地域活動などを通じて、それを示し伝える努力が必要だろう。

　私たち人類の進化は、脳の大型化で特徴《とくちょう》付けられる。それによって認《にん》知《ち》・思考能力が、他の動物に比べて格段に向上した。精巧《せいこう》な道具を作り、他の動物が得られない食物を獲得《かくとく》し、繁栄《はんえい》している。［C］、これは人類史の一面でしかない。「脳」の大型化にあずかったものは、ヒトの生活と生活史全般《ぜんぱん》に及《およ》ぶ変革であった。母親だけが子を育てていた祖先の養育法から、祖母や父親も支援するシステムとしての養育法ができ、「家族」ができた。

子供は、長い成長期間中に親や年長者のすることを見て、真似《まね》て、ルールを見出し、ルールを作る能力を発達させる。親はそういう生活方法を教えるモデルとして振《ふ》る舞《ま》う。祖先から子孫へと、生き方が継承《けいしょう》された。死亡《しぼう》率が他の動物よりもずっと低くなったから、可能になった生活史である。とはいえ、いつなんどき感染症《かんせんしょう》が蔓延《まんえん》し、大飢饉《ききん》が起こり、事故に遭遇《そうぐう》するかもしれない。③そういう時、オトナの生は、その時々での生き方に重みがあるに違《ちが》いない。生存が医療技術によって保証されることは、ヒトの精神構造にどう影響を与えるのだろう。生への切実さを損なわせないか？

食物獲得・分配・養育・学習というシステムが、ヒトの脳・身体・家族・生活史を形作るとともに、生活史を通じて個人の生きる意味をも与えていた。このシステムに大幅《おおはば》に変更が加えられ、生活史のそれぞれの段階で、個人の生きる意味が喪《うしな》われたとき、それをどこに見出《みいだ》すべきか？　明確にそれが問題であるとは認識していないが、人々がその喪失《そうしつ》を感じていないわけがない。日本における「少子化」の根本的原因は、④そこにありはしないか？　生きていくことの意味を、個人は積極的に考えなければならない。そこでは子の養育と養育支援を中心にし、さらには養育にふさわしい社会の構築を考えるべきである。

（濱田穣《はまだゆずる》「なぜヒトの脳だけが大きくなったのか」）

(1) [A]～[C]に入る最も適切な言葉をそれぞれ次から選び、記号で答えなさい。（4点×3－12点）

ア すなわち　イ そこで　ウ また　エ だから　オ では　カ しかし

A（　　）B（　　）C（　　）

(2) □に、「日」に続く三字の漢字を入れて適切な四字熟語を作り、その意味も答えなさい。（完答8点）

日□□□　（　　　　）

記述 (3) ――線部①について、その変化とは何の発達を指すか。「…の発達。」という形で二つ答えなさい。（10点×2－20点）

（　　　　）（　　　　）

(4) ――線部②を具体的に述べている一文を本文中から抜《ぬ》き出し、初めの三字を答えなさい。（10点）

□□□

重要 (5) ――線部③の理由を説明したものとして最も適切なものを次から選び、記号で答えなさい。（10点）

ア 自分がいつ死ぬかわからないので、子どもを大切にしようとするから。

イ 子どもたちに生きることへの切実さを示す見本として振る舞うことになるから。

ウ 医療技術では補《おぎな》えない危機に直面したときこそ大人《おとな》としての対応力が試されるから。

エ 死亡率が高くなったことで、個人の生きる意味を深く考えるようになるから。

（　　）

記述 (6) ――線部④が指している内容を答えなさい。（10点）

（　　　　）

〔慶應義塾女子高－改〕

難 記述

2 次の文章を読み、本文中——線部「日本人の心性」について、「日本人の」に続けて三十字以上三十五字以内で説明しなさい。（30点）

そこで私はあらためて辞書を引いてみる。すると、「好《い》い加減」の項《こう》にはつぎの三つの意味が記されている。

一、よい程《ほど》あい。適当。二、条理を尽《つ》くさぬこと。徹底《てってい》せぬこと。でたらめ。いいくらい。三、（副詞的に用いて）相当。だいぶん。かなり。

そして、第三の意味の用例として、「いい加減待たされた」という用法があげられている。だが、どう考えてみても、この三つの意味のあいだには関連が見いだせそうにない。「適当」と「でたらめ」と「かなり」に、どんな共通項があるのだろう。まったくニュアンスを異にする意味を三つもふくんでいるとすれば、「いい加減」という言葉は文脈で判断するほかない。おそらく、日本語のなかで外国人に最も理解しがたいのは、こうした言葉であろう。時と場合によって、その意味が異なるどころか、正反対の意味にさえなってしまうのであるから。《中略》

ではなぜ、「いい加減」が好ましからざる意味を持つようになったのであろうか。それはおそらく、「よい加減」ということを日本人がいいことと思わなかったにちがいない。どうして、いいことと思わなかったのか。その心の底には、日本的自然主義があるように私は思う。

日本の国土は、世界でもまれな温和な気象と美しい自然にめぐまれている。むろん、狭《せま》い島国であっても、北と南とでは気候は異なり、生活の条件もかなりちがう。けれども概《がい》していうなら、これほど優《やさ》しい山河に取り巻かれた風土は、地球上で例外といってもよい。このようなおだやかな自然のなかで暮らしつづけてきた日本人は、とうぜん自然に親しみ、自然に甘《あま》えてきた。日本人は自然に敵対《てきたい》したり、自然を克服《こくふく》しようなどとは、まったく考えもしなかった。

たしかに自然は災害《さいがい》ももたらした。台風、地震《じしん》、洪水《こうずい》、旱魃《かんばつ》、豪雪《ごうせつ》、火山の噴火《ふんか》……こうした天災で人びとは苦しんできた。しかし、それにしても、この国では自然が徹底的に人間を痛めつけることはしなかった。一時的に災害をもたらしても、自然はすぐに優しく人間をいたわり、その打撃《だげき》から立ち直らせてくれるのである。だから日本人は自然を愛したというより、自然を信じてきたというべきだろう。《中略》

とはいえ、日本人も、ただ自然に随順《ずいじゅん》すればそれでよいと考えたわけではない。《中略》最初から自然に随《したが》えばいいということではない。日本人にとって自然とは、いわば〝すべり止め〟的役割を果たしているのだ。〝すべり止め〟としての自然——それが日本的自然主義の正体といってもよかろう。

では、そのような自然とは何なのか。じつはそれが「いい加減」の実体なのである。「いい加減」というのは、そもそも程よく調節されていることである。《中略》

「いい加減」の状態とは、すなわち自然の状態ということになる。したがって、「いい加減な人間」とは、自然のままになっている人間、別言すれば、人為《じんい》を放擲《＊ほうてき》した人間ということになる。なすべきことをなさず、自然のままに任せておくということは、いくら自然に甘え、自然を信じている日本人にとっても、けっして好ましいことではない。なすべきことを自然のままに放置する、すなわち成りゆきに任せるということは、最終的な解決ではあっても、そこに到達《とうたつ》するためには人間である以上、人間的な努力をせねばならぬ。人事ヲ尽《つ》クシテ天命ヲ待ツとは中国の名言だが、自然を信仰《しんこう》する日本人もそう思っているのだ。そこで、日本人は人事を尽くさずして自然に任せてしまう安易な人間を「いい加減なヤツ」として糾弾《きゅうだん》するのである。

したがって、この言葉はこういうふうに解釈《かいしゃく》できる。すなわち、「いい加減」という言葉が第一に、程よく調節された、とか、適当な、というプラスの意味を持つのは、それが自然について抱《いだ》いたイメージによるのであり、それが第二の、徹底せぬ、とか、でたらめ、といったマイナスの意味に転化するのは、やるべきことをやらず、すぐに自然に甘えるという安易な人間についての判定による、というわけである。とすれば、「いい加減」という言葉の第二の意味は、でたらめ、というよりは、むしろ投げやり、あるいは、ちゃらんぽらんという語義に近いとみるべきであろう。

　この意味で、この言葉は「どうせ」と＊軌《き》を一《いつ》にしている。あるいは「よろしく」というあいまいな言葉とも気脈を通じている。「どうせ」も「よろしく」も、すべて自然にあるべき状態に任せてしまう態度だからである。そして、こうした日本語は、最終的には自然に任せておけばどうにかなるという日本人の楽天的な人生態度を正直に語っているといえよう。

　日本人はあきらめがいいとよくいわれる。ふた言目には「どうせ」を連発するところをみると、たしかに日本人はあきらめがよく、いさぎよいように思える。しかし、じつはその根底に自然に頼《たよ》り切った楽観主義がひそんでいるのである。自然に任せておけば悪いようにはなるまい、時が何とか解決してくれるだろう、下手な小細工《こざいく》をするよりも造化に随ったほうがよい、という自然主義、自然信頼《しんらい》である。こうして「いい加減」という言葉には「どうせ」とおなじように、その表と裏《うら》に、まったく反対の心情を塗《ぬ》りこめられることになったのである。

　私は『広辞苑《こうじえん》』にあげられている「いい加減」の三つの意味のあいだに何の関連も見いだせそうにないといった。だが、以上のように考えてくると、この三つの意味はやはり見えざる糸で結ばれていることに気づく。それはともに日本人の自然観の正直な告白なのである。自然は見方によれば神の摂理《せつり》のように「程よく調節されて」いる。けれども、べつの観点に立てば、けっして人間の思わくどおりには動いてくれない。だから時として、自然はまさしく「条理を尽くさぬ」「でたらめ」のように思えるのだ。

　むろん、自然が「不条理」のように思えるのは、人間の尺度《しゃくど》と自然の尺度とがちがうからである。そして、その尺度のずれが「いい加減」の第三の意味を形づくる。この言葉が第三の意味、すなわち、「いい加減待たされた」というふうに「かなり」「だいぶ」の意味に使われるのは、人間の考えている尺度よりも自然の尺度のほうがひとまわり大きく、時間に関していうなら悠長《ゆうちょう》であることを暗黙《あんもく》に表現しているのだ。つまり、「いい加減」という言葉の意味はすべてその根を「自然」に持っているのである。だから、この言葉を「自然」に置きかえてみれば納得《なっとく》がゆく。「いい加減待たされた」というのは、自然の運行のように待たされたということであり、「いい加減な処置」というのは、自然に放置されたような処置のことであり、「湯加減は？」と、きかれて「たいへんいい加減です」などと答えるのは、湯の状態が自然のように程よく調節されている、ということなのだ。

　だとすれば、この言葉こそ、世界で例外といえるほど優しい山河、おだやかな自然にめぐまれた島国に暮らす日本人独特の表現であり、日本人の心性をこの上なく雄弁《ゆうべん》に語っている興味深い日常語――といえるのではなかろうか。

（森本哲郎《もりもとてつろう》「日本語　表と裏」一部改変）

＊放擲＝投げ出すこと。
＊軌を一にする＝同じ使い方をする。

日本人の

（明治大付属明治高）

10 論説文④ 要旨をとらえる

月　日

解答▼別冊10ページ

1 次の文章を読んで、下の問いに答えなさい。

[1] ことばの働きは不思議である。ことばは外の世界に名前を与《あた》えることで外の世界を*範疇《はんちゅう》化し、外の世界を理解する（知る）。*「石」の例でも述べたように、*混沌《こんとん》とした感覚表象を交通整理し、一つの名前「イシ」にくくることで、数多くの具体的で、かつかたちが少しずつ違《ちが》う石ころをすべて、*一つの概念《がいねん》表象「石」に収斂《しゅうれん》させることができる。客観世界の多様なる表象に一つの秩序《ちつじょ》をもたらすことができる。

[2] 外界に与えられる秩序は、すなわち、自己の心にもたらされる秩序である。なぜなら、混沌たる外界は実は外界ではなく、それを表象している心そのものだからである。

[3] まったく同じように、ことばは内なる世界（心）に生起する多様なる現象に名前を与えることで、心の諸現象を範疇化し、かたちあるものとして表象することができる。<u>名前は理解の一つの形式</u>なのである。相手に対する自分でも理解できないむしゃくしゃした感情を「怒《いか》り」とまとめられるのは、ことばのおかげである。いや、怒りではない「あせり」だとまとめることができるのも、ことばの働きである。あるいはそのむしゃくしゃした心の動きを人間関係の中で整理したならば、「嫉妬《しっと》」とまとめられるかもしれない。感情に与えられたこれらの名前は、感情を分類する力を持つだけでなく、それがそのまま自分と世界を関係づけ、その関係を理解する手立てとなる。

[4] このように、ことばは心が生成する表象や、非表象性の変化（感情など）に名前を与えることによって、心を分類し整理する。ことばはそもそも心を

記述

(1) **[内容把握]** ――線部とあるが、感情に名前を与えるという例において述べられている名前の役割について、三十五字以内で答えなさい。

(2) **[段落構成]** 本文中の段落[5]の役割として最も適切なものを次から選び、記号で答えなさい。

ア 段落[1]から段落[4]の内容を踏《ふ》まえ、新たな観点を取り入れて論を発展させている。

イ 段落[1]から段落[4]の内容を確認し、例外的な状《じょう》況《きょう》を取り上げて反論を試みている。

ウ 段落[1]から段落[4]の内容をまとめ、同様の例を繰《く》り返して主張を明確にしている。

エ 段落[1]から段落[4]の内容を否定し、逆の立場から改めて問題を捉《とら》え直している。

（　　）

重要

(3) **[要旨]** 本文の内容を説明したものとして最も適切なものを次から選び、記号で答えなさい。

記号化する働きでありながら、できあがった記号が今度は心そのものをその記号に従わせるのである。こうしてことばは心を組織する重要な手段となる。

5 ただし、心が外部由来や内部由来のさまざまな表象に名前を与えるといっても、相手あってのことである。自分一人で名前を生産しても、相手に理解されないものであれば、それはことばではない。ことばがことばとして働きうるのは、そのことばが一つの社会に共有されているときである。

6 相手と共通のことばを使うことで、それまでは個体の中に閉ざされたままであった経験が、他者に伝えられる。共通の約束事であるからこそ、一人の口を出たことばは、それを聞いた一人あるいは複数の人の心にも、同じ表象を喚起《かんき》することができる。一人の心は、ことばを媒介《ばいかい》にして、他者の心へ開示されるのである。

7 ただ困ったことに、ことばは心理表象そのものではない。あくまでそのラベルである。記号である。ここをしっかり理解しておかなければならない。たとえば、ことばはその人の真実の内面を伝えることができるばかりではない。まったくの虚偽《きょぎ》を伝えることもできる。そこにないものを伝える、ということばの働きは、嘘《うそ》をその本質とする、という危険な側面を持っている。犯罪者が「私はやっていない」と述べた場合、それは事実を伝えたことばではない。同様に無実の人が「私がやった」と自白した場合も、そのことばもまた事実を伝えていない。客観的な問題としてなら、「黒は白でない」が、言語としてなら、「黒は白である」と述べることは可能である。

（山鳥重《やまどりあつし》「ヒトはなぜことばを使えるか」）

*範疇化＝同じ種類のものに分類・整理すること。
*「石」の例でも述べたように＝以下の「混沌とした……収斂させることができる」と同様の説明が本文直前の章で述べられている。
*混沌とした感覚表象＝五感を通して感じる漠然《ばくぜん》としたイメージ。
*一つの概念表象「石」に収斂させる＝「石」という一般《いっぱん》的なイメージにまとめる。

ア ことばは、人間が社会を形成する上で便利な道具であるが、危険な側面もあるので、社会の中では必要のないものである。

イ ことばは、情報の速《すみ》やかな伝達を可能にしているが、心理的な問題については常に正しい内容を伝えているわけではない。

ウ ことばは、人間がさまざまな物事を認識し伝達するために重要な働きをしているが、いつも真実を伝達するとは限らない。

エ ことばは、他者と心を共有する唯一《ゆいいつ》の手段であるが、伝達する内容の正確さは人間の認識の仕方に左右されることがある。

（　　）

〔栃木―改〕

読解のポイント

◆**限られた時間で、筆者の意見や主張を素早《すば》く的確にとらえる**

①全体の流れをつかむ。→**キーワード**を手がかりに文章の話題をつかむ。

②事実と意見とを区別する。→文末表現などから、**客観的事実と筆者の考え**を分けてとらえる。

③段落の要点・構成をつかむ。→各段落ごとに中心的な内容をおさえる。

④要旨をつかむ。→①～③を踏《ふ》まえて**意見の中心**となる段落を見つけ、**結論とその理由**をとらえる。

Step A
Step B
Step C

時間 30分
合格点 80点
得点 点

月 日

解答▼別冊10ページ

1 次の文章を読んで、あとの問いに答えなさい。

日本がいかに湿潤《しつじゅん》な国であるか、私は外国を旅するたびに、いやというほど思い知らされる。ヨーロッパと日本とではそれほど風土の差がないように思われるが、湿度がちがう。だから、やたらにのどが渇《かわ》く。日本人の旅行者にとって何より辛《つら》いのは、ヨーロッパの街でレストランに入っても、カフェへ立ち寄っても、水を出してくれないことである。人びとはそんなに水を飲まないのだ。それに——日本以外の国では、生の水をそのまま飲めるようなところはめったにない。だから、水はコーヒーなどよりも高い場合がしばしばある。金を払《はら》って水を飲むという発想が日本人にはないから、代金を請求《せいきゅう》されてびっくりする。私もおどろき、いまさらのように日本人は〝水の民〟なんだなあ、と痛感した。

そのようなわけで、日本人の魂《たましい》の奥底《おくそこ》にはいつも水音が響《ひび》いているのである。日本人は水の音に限りない親しみを抱《いだ》き、安らぎを覚え、懐《なつ》かしさを感じるのだ。芭蕉《ばしょう》が「古池や」の一句をもって*俳聖のように仰《あお》がれ、蕪村《ぶそん》が春の海を「のたり〳〵」と表現したことで*人口に膾炙《かいしゃ》されるようになったのも、けっしてゆえないことではない。

[A]、日本人の胸の奥で、水はどのような音を響かせているのであろうか。水音を表現した擬態《ぎたい》語、擬声語が、その微妙《びみょう》な音をさまざまにつたえている。擬態語というのは、ものごとの状態を象徴《しょうちょう》的に音《おん》であらわした語であり、擬声語というのは物音や動物の鳴き声などを、①写実的にとらえた語である。言語学では、それをオノマトペ onomatopée というが、②日本語には、こうした擬声語、擬態語がきわめて多い。オノマトペが日本語の特質だといってもいいほどである。このことは、おそらく日本人が音に対してきわめて敏感《びんかん》であることを語っているのであろう。そして、それも水と深い関係があるように思われる。というのは、数多くの擬声語、擬態語のなかでも、ことに水に縁《えん》のある語が目立つからである。

じっさい、ほかの国の言葉で日本語ほど多様な水の表現をもっている例はないといってもいいのではあるまいか。だから、さきの蕪村の句を外国語に[B]するのは至難なのである。たとえば英語やドイツ語やフランス語で「のたり〳〵」をどのように表現したらいいのだろう。私はさんざん苦労したあげく、ついにこの句を外国の知人に説明し得なかった。

「のたり〳〵」だけではない。水についてのオノマトペは、そのほとんどが翻訳《ほんやく》不可能である。たとえば、文部省唱歌の「春の小川はさら〳〵流る」の「さらさら」は、どう訳したらいいのか。お伽話《とぎばなし》『桃《もも》太《た》郎《ろう》』で語られているあの「ドンブラコッコ、スッコッコ」を何と表現したらいいのか。*野口雨情《のぐちうじょう》の童謡《どうよう》「ドンと波　ドンと来て　ドンと帰る」をどんなふうにいいかえたらいいのか。

水で布などを洗う音は「ざぶざぶ」であり、涙《なみだ》が流れる様子は「[a]」であり、水気をふくんださまは「しっとり」であり、それが外ににじむほどであれば「[b]」であり、湿気が過度であれば「じめじめ」であり、水が絶えず流れ出る状態は「じゃーじゃー」であり、水が揺《ゆ》れ動く様相は「じゃぶじゃぶ」であり、水滴《すいてき》が垂《た》れる音は「ぽたぽた」であり、水が跳《は》ねる有様は「[c]」であり、水にひどく濡《ぬ》れる形容は「[d]」であり、水に何かが軽そうに浮《う》かんでいるのは「ぷかぷか」、水に沈《しず》むさまは、「ぶくぶく」、雨が降り出すのは「ぽつぽつ」、水中から泡《あわ》が浮かびあがるのは「ぼこぼこ」、水を一気に飲み干《ほ》すさまは「がぶがぶ」、水が何かに吸い込《こ》まれる音は「ごぼごぼ」、そして、大波は「とどろ」に打ち寄せ、滝《たき》は「ごうごう」と落ち、石は水中に「どぶん」と沈み、水は「ばちゃっ」と跳ねかえり、夕立《ゆうだち》は「ざーっ」と襲《おそ》い、梅雨《つゆ》は「しとしと」と降りつづく。

ああ、なんと多彩《たさい》な水の表現であろうか！（森本哲郎《もりもとてつろう》「日本語　表と裏」）

＊人口に膾炙される＝広く好まれ知れ渡《わた》る。　＊野口雨情＝詩人。茨城県出身。

(1) ――線部①「写実」の意味として最も適切なものを次から選び、記号で答えなさい。（10点）

ア 物事の実際のままをうつすこと。
イ 物事の一般《いっぱん》性をとらえること。
ウ 事実を脚色《きゃくしょく》してうつしとること。
エ 音声をそのまま録音すること。
オ 特徴《とくちょう》のみをありのままに記録すること。

（　　）

(2) A・Bに入る最も適切な言葉を、Aは次から選び、Bは本文中から漢字二字で抜《ぬ》き出しなさい。（4点×2－8点）

ア だが　イ もし　ウ むしろ
エ したがって　オ では

A（　　）　B［　　］

(3) ――線部②について、「擬態語」だけのものとして最も適切なものを次から選び、記号で答えなさい。（10点）

ア がたんごとん・ふわり　イ わんわん・にゃあにゃあ
ウ にやにや・ふらふら　エ くらくら・ぱちぱち
オ ざあざあ・ゆったり

（　　）

(4) a～dに入る最も適切な言葉をそれぞれ次から選び、記号で答えなさい（同じ記号は二度使えません）。（3点×4－12点）

ア ひたひた　イ さめざめ　ウ ぴちゃぴちゃ
エ しんしん　オ びしょびしょ　カ じっとり

a（　　）b（　　）c（　　）d（　　）

〔國學院高－改〕

2 次の文章を読んで、あとの問いに答えなさい。

母語というのは、ある個体の脳が、人生の最初に獲得《かくとく》する言語のことである。脳の基本機能と密接に関《かか》わっているので、後に獲得する二つ目以降の言語とは、性格を大きく異にする。

「朝よ、おはよう」

①母親がそう言って、赤ちゃんを抱《だ》き上げるシーンを想像してほしい。

アサという発音体感には、爽《さわ》やかな開放感がある。オハヨウは、実際には「オッハヨォ」と、二拍《はく》目のハを中心にして発音される語で、弾《はず》むような開放感をもっている。したがって、「朝よ、おはよう」と声をかけた母親は、無意識のうちに自分の発音体感によって、爽やかな、弾むような開放感を味わっているのだ。

さて、注目すべきは、赤ちゃんの脳である。赤ちゃんには、目の前の人間の口腔《こうこう》周辺の動きを自らのそれのように感じとる能力がⓐある。このため、母親が無意識に感じている、爽やかな、弾むような開放感に赤ちゃんは共鳴して、一緒《いっしょ》に味わっているのである。

アサ、オハヨウということばは、これとともにある情景、すなわち、透明《とうめい》な朝の光や、肌《はだ》に触《ふ》れる爽やかな空気や、抱き上げてくれた母親の弾むような気分とともに、脳の中に感性情報としてインプットされていくのである。

ⓑ長じて、「英語で、朝のことをmorningといいます。おはようは、Good morningです」と習ったときには、なるほどと思うだけだ。

こうして、人生の最初に出会ったことばと、後に習った外国語とでは、脳内でことばに関連づけられた感性情報の量が圧倒《あっとう》的に違《ちが》う。

[X]、日本人の私たちは、仕事仲間に「おはよう」と声をかけられれば、ぱっと目が覚めるのである。累々《るいるい》と重ねてきた朝の記憶《きおく》が呼び起こされ、ⓒいやおうなく始まりの気持ちにさせられる。これが「Good morning」では、気持ちの真芯《ましん》に届かず、いま一歩、ボルテージが上がらない。

ただ、語感だけでいっても、「Good morning」は「おはよう」に比べると、暗く物憂《ものう》げなのは事実だ。英語圏《けん》の人たちの朝は、日本人の朝より、少し静かに始まるようである。考えてみれば、このことばを生んだ英国は日本よりずっと緯度《いど》が高いので、日本のように、年中、朝の光が眩《まぶ》しいわけではない。冬などは、子どもたちの登校時間になってもまだ暗い。

実は、ことばは、このように風土とも無関係じゃないのである。②眩しい朝を迎《むか》えることの多い日本人は、朝にアサASaということばを与《あた》えた。喉《のど》も口も開けるAに、舌の上に息をすべらせて口元に風を作るSの組合せ。まさに、爽やかな開放感のことばである。オハヨウも、ハの開放感が目立つ、弾むような挨拶《あいさつ》語である。

黎明《れいめい》の中や、穏《おだ》やかな陽光の中で一日を始める緯度の高い英国に住む人たちは、くぐもった発音の「Good morning」で挨拶をし合う。いたわり合いつつ、徐々《じょじょ》に活動を開始するイメージだ。

[Y]、「Good morning」は、その組成から、語感ではなく、意味から創生《そうせい》されたことばであることは明確である。しかし、長きにわたって英国人が、このことばを朝の挨拶語に使ってきたことには深い意味がある。英国の人々は無意識に、「Good morning」の、鼻腔《びこう》に響《ひび》く、くぐもった優《やさ》しさが英国の朝に似合うと判断したのであろう。

意識は語感を選び、また、語感は意識を作る。何代にもわたって使ううちに、「Good morning」で挨拶を交わし合う人たちの朝は、「オハヨウ」と挨拶する人たちの朝より、ゆっくり始動する。優しいものになっていく。そうすると、ますます、朝の情景と「Good morning」の発音体感が似合ってくるのである。

「朝」と「morning」、「おはよう」と「Good morning」。どちらも、それぞれの国の朝に似合うことばであり、それぞれの人たちが心地《ここち》よいと感じながら発音している。どちらが良いかは、一概《いちがい》に言うことはできない。

しかし、鮮烈《せんれつ》な朝日で迎える日本の朝には、日本語のアサ、オハヨウがよく似合う。日本に生まれ、日本の朝日の中で「アサヨ、オハヨウ」と言われて抱き上げられる赤ちゃんの脳には、素直に、ことばと情景の感性リンクが成立する。

もちろん、英国の薄暗《うすぐら》い朝に、穏やかな低音で「Good morning」と言われて抱き上げられる赤ちゃんの脳にも、素直に、ことばと情景の感性リンクが成立する。

こうして、その国の風土と人々の意識とによって、長く培《つちか》われてきたことばが、母国語である。

中でも、一つの土地において、似た骨格をもつ民族が、同じ生活習慣を重ねながら作り上げてきた母国語は、風土と意識と、身体感覚と、ことばとがしっかり結びついているので、ことばに込《こ》められた情感が深い。人々が暗黙《あんもく》のうちに、その情感で共鳴し合うので、意味ではなく「感じ」で伝え合うものが圧倒的に多くなる。

（黒川伊保子《くろかわいほこ》「日本語はなぜ美しいのか」）

(1) ――線部①について、次の文章は、このとき赤ちゃんの脳にどのようなことが起こっているかを説明したものである。[A]～[C]に入る言葉を、A・Cは四字、Bは二字でそれぞれ本文中から抜《ぬ》き出しなさい。（4点×3―12点）

　赤ちゃんの脳は、母親が無意識に[A]から味わう開放感と共鳴する。その時、「アサ、オハヨウ」ということばと[B]が結びついた[C]が、脳に入力されていく。

A

B

C

(2) ――線部ⓐ「ある」と同じ使い方をしているものを次から一つ選び、記号で答えなさい。（6点）

ア ある人物の本だ。　イ 大変、静かである。
ウ 教室に飾《かざ》ってある花。　エ 本店は東京にある。　（　　）

(3) ――線部ⓑ・ⓒの言葉の意味として最も適切なものをそれぞれあとから選び、記号で答えなさい。（4点×2―8点）

ⓑ「長じて」
ア ところで　イ 成長して
ウ 上手になって　エ 外国に行って　（　　）

ⓒ「いやおうなく」
ア 有無を言わせず　イ 思いがけず
ウ なんとなく　エ だれからともなく　（　　）

(4) [X]・[Y]に入る最も適切な言葉をそれぞれ次から選び、記号で答えなさい。（4点×2―8点）

ア たとえば　イ むしろ
ウ もちろん　エ だから
X（　　）　Y（　　）

記述

(5) ――線部②について、「アサ」「オハヨウ」の「ア」「サ」「ハ」に共通する特徴《とくちょう》を考え、二十五字以内で答えなさい。ただし、「開放感」「五十音図」の二語を用い、「ということ。」につながるように答えること。（10点）

ということ。

重要

(6) 次の文章は、英国や日本の人々にとっての母国語について、筆者の考えをまとめたものである。[A]～[D]に入る言葉を、A・C・Dは二字、Bは十五字でそれぞれ本文中から抜き出しなさい。（4点×4―16点）

　英国や日本の人々にとっての母国語は、ことばに込められた[A]が深い。それは、[B]していることに加え、ことばが[C]と[D]とも強く結びついているためである。

A

B

C

D

〔長野―改〕

Step A Step B Step C

時間 50分 合格点 80点 得点 点

解答▼別冊11ページ

月 日

1 次の文章を読んで、あとの問いに答えなさい。

一九世紀のヨーロッパに成立した科学という知的活動は、科学者個人の好奇心が、唯一《ゆいいつ》の動機と考えられた。研究へと科学者を駆《か》り立てるものは、基本的には「何かを知りたい、判《わか》りたい」という熱い思いで、それは、美しい言葉で表現すれば「真理の探究」への衝動《しょうどう》であり、普通《ふつう》の言い回しを使えば「好奇心」、つまりはそれが面白《おもしろ》いから、ということになる。

そうであれば、科学者の研究という行動は、専《もっぱ》ら自らの好奇心を満足させることにあり、結局は自分の喜びを得ることにほかならない。その点では、科学研究は、通常はまるで異なる、あるいはむしろ対極にあると考えられる芸術や文芸に似ている。

しかし、多くの場合、自らの喜びを得ることを仕事としている場合に、社会的には報《むく》われないのがこれも通例である。小説家で財をなした人間と貧窮《ひんきゅう》のうちに死んだ人間を比べれば、圧倒《あっとう》的に後者が多いだろう。もちろん、芸術家とて霞《かすみ》を食べて生きているわけではない。安心して芸術活動に打ち込《こ》めるために、国家が何らかの保証をしてくれるべきではないか、それが「文化国家」ではないか、という主張は、日本の芸術家と言われる人々の間で、今日根強い。

では科学の場合はどうだろうか。科学という活動が、純粋《じゅんすい》に科学者、研究者個人の好奇心を充足させるためのものであるとすれば、そこに国家や社会が支援すべき必然性は、必ずしも生じない。

しかし、科学者は、国家や社会が自らの活動を経済的に支援すべきである、という主張に違和《いわ》感を持ち、あるいはそうした主張をすることを潔《いさぎよ》しとしない、というような倫理《りんり》観を、持ち合わせてはこなかったし、今でももちろん、持ち合わせていない。

ここには、やや厳しい言い方になるが、科学に関して、意図的と無意識的とを問わず、一種の二重論理（ダブル・スタンダード）がある。

例えば、①一九世紀のヨーロッパで、社会のなかに科学研究というひとつの知的活動が次第にはっきりとした姿を現してきたころ、当然のことながら、社会は一般《いっぱん》的に科学研究に対してほとんど注意を払《はら》わなかった。そうした時期の、言わば第一世代の科学者たちは、自分が携《たずさ》わっている活動の意義を外部社会に対して宣伝・弘布《こうふ》しなければならなかった。そのとき、彼《かれ》らの宣伝の柱の一つは、科学的知識が一般の社会の「役に立つ」ということであった。

しかし、一方で科学者は、研究は自らの好奇心や真理探究心によるものであり、それは純粋に知的な活動であることを主張し続けたのである。科学者たちは、この二つの主張を、一九世紀の発足当時から、使い分けながら社会に対処してきたと言える。社会もまたこのダブル・スタンダードをある程度は受け入れてきた。

したがって、科学者の立場からすれば、自分たちの造り出す知識は、芸術作品とは違《ちが》って、豊富な②社会的効用を備えているのだから、社会は、そうした効用を備えた知識を提供してくれる科学研究には、公的に支援をして当然である、という主張を一方で抱《かか》え、他方で、社会の側から制約や管理を受けるべきでないし、その必要もない、という主張を用意してきたのである。

この二面性は現在でも解消されていないばかりか、③むしろかえって現代により深刻な問題を生み出している。

もし社会的効用のある知識を造り出すことによって社会に「貢献《こうけん》」するということが、科学研究の本質であるとすれば、そして、だから、科学研究には国家や社会の支援が行われて当然である、というのであれば、当然ながら、そこには社会的責任が生じる。

実際、原子核物理学の知識を動員した*マンハッタン計画の結果、核《かく》兵器が世に送り出されたとき、戦後の社会には、そうした開発に携わったことに関して、研究者の社会的責任を問題にしようとする動きがあった。もちろん核兵器開発に直接携わった研究者の間からも、あるいは直接には携わらなかったが、しかし同じ科学研究に従事する人々の間にも、そうした責任意識は自覚されたし、そのことを、核兵器廃絶《はいぜつ》運動や平和運動への参画という形で示した人々も少なくはなかった。

けれども、もう一方では、自分たちは、研究という知的行為《こうい》に従事していただけであって、そのことに責任を負う用意は持ち合わせない、と感じたり、あるいは主張した科学者も決して少なくはなかった。

後者の立場の研究者は、科学という活動を、社会的効用や有用性ということとは切り離《はな》し、純粋に知識のための知識追求の営みとして、社会から自立し隔絶《かくぜつ》された営みとして、理解していることを示している。

いずれにしても、マンハッタン計画は、こうした問題に関する重要な転回点となったと言える。それまでは、社会から公的支援を取り付けるときには、科学的知識の社会的効用を宣伝するにしても、本音のところでは、科学は、社会から自立し、隔絶された空間のなかで、それを面白いと感じる少数の人々が、知識のための知識を追求する営みであり、したがって、社会との直接の関連は、道義的な責任も含《ふく》めて、一切持たないで済む、という意識が支配していた状況《じょうきょう》に、核兵器の開発を契機《けいき》として、大きな動揺《どうよう》が生まれたからである。

そうした事情のなかで、医療《いりょう》や農業などと極めて密接な関係にある*DNA研究領域は、広い視野に立った倫理*綱領《こうりょう》を考慮《こうりょ》しなければならない最も典型的な現場として浮《う》かび上がった。

それは、DNAの組み換《か》え技術が確立しつつあった一九七五年、アメリカのカリフォルニア州アシロマで開かれた「アシロマ会議」に集約的に表れている。DNAの切り張りが基本的に可能になったことをきっかけに生まれたこの会議では、研究の成果が一般の社会に与《あた》えるかもしれない負の効果（バイオ・ハザード）への責任ということを中心に、幾《いく》つかの点で、研究の方法や、実験を行う設備、実験材料などに、制限を加えることが提案され、各国の研究者の了承《りょうしょう》を得て、その精神の下で研究のための*ガイドラインを造る、という形に結実した。

科学者は、好奇心に任せて、どんな材料を使って、どんな方法で、何をやっても、それが「研究」である限り、許されるし、その結果がもたらす事態についても、社会的責任や義務から免《まぬが》れる、というわけには行かなくなったのである。

このように考えてくると、科学者という概念《がいねん》もまた改めなければならないところが見えてくる。科学者とは、本来、自らの好奇心の赴《おもむ》くままに、俗界《ぞっかい》を離れて、ひたすら真理を探究することに勤《いそ》しむものである、というイメージがかつて存在した。そこでの倫理は、ただひたすら真理に忠実であれ、ということで済んだ。

しかし、今や、科学者の研究という行動は、望むと望まざるとに拘《かか》わらず、社会における他者、科学者という同僚《どうりょう》以外の他者の生活を、生から死までの全般に亘《わた》って、左右するような成果もしくは結果を導く可能性があることを認識し、負の影響《えいきょう》を避《さ》けるためには、自分の好奇心を抑《よく》制《せい》し、研究の方向を制御《せいぎょ》することもときには自ら決断しなければならない、そういう倫理観が要求される存在として、科学者があらためて認識されるに至っている。

同時に専門家としての経験と知識が、常にそうした義務や責任の遂行《すいこう》に最適・最善である、とは言えない、という事情に*鑑《かんが》みれば、研究の世界で起こっていることを、常に一般の社会に対して開示、説明する義務もまた、そこに生まれてくる。④一般の社会も、そこで起こっていることを充分に理解した上で、専門家と協力しながら、正の効果を増大させ、負の効果を減少させるために、科学研究を見つめ、協力し、共生していく途《みち》を探らなければならないのである。

（村上陽一郎《むらかみよういちろう》「科学の現在を問う」）

*マンハッタン計画＝第二次世界大戦中のアメリカですすめられた原子爆弾《ばくだん》製造計画。
*DNA＝遺伝子の本体となるもの。　*綱領＝物事のおおもととなるところ。
*ガイドライン＝指針。　*鑑みれば＝てらしあわせて考えれば。

(1) ——線部①とあるが、一九世紀の科学者が「科学研究というひとつの知的活動」をどのように考えていたかを説明したものとして最も適切なものを次から選び、記号で答えなさい。(6点)

ア 科学は一般の社会から注目されなかったので、国の援助を得て人々の好奇心をひきつける活動を展開するべきだと考えた。
イ 多くの科学者は科学を純粋に好奇心にもとづく活動であるとしたが、一部の科学者は社会的有用性が大切であると考えた。
ウ 初めのころは科学を純粋に好奇心にもとづく活動であると考えていたが、やがて社会的有用性を重要視するようになった。
エ 科学は純粋に好奇心にもとづく活動であるとする一方、社会的に有用なので援助されるべき活動でもあると考えていた。

（　　）

(2) ——線部②と同じ内容を表している部分を、これより前の本文中から十五字以上二十字以内で抜《ぬ》き出しなさい。(6点)

記述

(3) ——線部③にある「深刻な問題」とはどのような問題か。「社会的責任」「知識のための知識」「負の影響」という三語を用いて、六十字以上七十字以内で答えなさい。(12点)

重要

(4) 本文の内容と合うものを次から選び、記号で答えなさい。(6点)

ア 医療や農業などと密接な関係にあるDNA研究は、将来経済的利益が見込《みこ》めるので、倫理綱領の確立が必要とされた。
イ 好奇心を満たそうとする一方で、社会からの援助を期待するという科学の二重論理は、二十世紀になって解消された。
ウ 国家の経済的な支援は、社会全体の発展に貢献する科学者には必要だが、個人の喜びを追求する芸術家には必要ない。
エ 数多くの経験を積み重ねてきた科学者が、科学の倫理を自覚し、実験や研究の道筋を適切に規制できるとは限らない。

（　　）

重要 記述

(5) ——線部④の筆者の主張に対してあなたの考えたことを、二百字以内でまとめて説明しなさい。ただし、書き出しや改行の際の空欄《くうらん》、句読点等も字数に含《ふく》める。（20点）

〔都立新宿高〕

2 次の文章を読んで、あとの問いに答えなさい。

英語では＊ボディー・エクスプレッションということばがある。またそれを研究する学問分野もひらけつつあるようだ。しかしまだまだ幼稚《ようち》なもので、たとえばしょっちゅう腕組《うでぐ》みしている人物は攻撃《こうげき》的性格だといったⓐあんばいだ。

どういう身振《みぶ》り、しぐさをするか、この「無言の言語」は学問的に未開拓《かいたく》の分野である。しかし、これは①ことばよりもはるかに深く人間の身体にしみついたなにものかであり、「心」と社会とをつなぐ確実な兆候《ちょうこう》である。

個人の心理の内奥《ないおう》を、おそらくしぐさはのぞかせるものである。無意識であればあるだけ、それはⓑゆるがせにできないしるしなのである。同時に、しぐさは一つの文化である。社会のさまざまの集団につたわる伝承の文化である。個人は、個人としてのしぐさをもち、さらにその底に集団に共通の、また社会に共通のしぐさをもつ。人間はことばを交換《こうかん》することでコミュニケーションを成立させ、文化をもつように、無意識のうちに他人の身振り、しぐさをまねることで社会人となり、一文化の構成員となる。

——と、このように考えてくると、私たち日本の文化は、私たち日本人のどのようなしぐさによって表現されているのか。もっと正確にいうと、たがいにしぐさをまねあうことで、私たちはどのような文化をつくってきているのか。そういう疑問がわく。《中略》

日本人のしぐさということで私がまず思いつくのは「あいづち」である。このことばのおもしろさにまずひかれる。『広辞苑《こうじえん》』には「相槌《あいづち》。鍛冶《かじ》で、互《たが》いに打ち合わす槌《つち》」とある。槌をトンカントンカンと打ち合わす快は、もはや私たちの日常生活からは遠く、正月のもちつきの臼取《うすど》りの愉快《ゆかい》さえ、光景としても日々に遠ざかってしまった。

しかし、あいづちということばは、二人の共同作業の快味をよく伝えているようである。きねをつく人よりもむしろ、拍子《ひょうし》おもしろく臼取りする人のほうが、仕事としてむつかしくおもしろいのではなかろうか。受け身の、従の立場のほうが、共同の仕事のなかで、より困難でより愉快味のある役割であるようだ。

スイス人のガスカール女史は、その「日本観察ノート」の中で日本人の返事のアイマイさを批判している。「日本人から、確かな『イエス』か『ノー』の答えを得ることは、全く不可能なことに属します。《中略》『ソー、ネー……』といい、頭をかくのです。とにかくこっちはそれでちっとも利口になるわけのものでもなく、依然《いぜん》として、なにがなにやらわからないままです。日本人とは、なんとややっこしい人でしょう！」

②この指摘《してき》は別に独創的なものでも特異なものでもない。しかしそれだけに、私たち日本人の身振りの、したがって文化の、他国の人によっては理解されえない特異性を浮《う》かび上がらせている。ふだん、私たちは気づかないが、人の話を聞くとき、たえずあいづちを打っている。心の中であいづちを打っている人もいるし、大げさな身振りであいづちを打っている人もいる。無意識であるだけになかなか本人は気づかない。

ラジオ、テレビのプロデューサーがしろうとの出演者に対して「教育」することの一つはこのあいづちを減らすことである。画面や声でのあいづちの身振りや「そう」「はい」という表現は目ざわり耳ざわりである。客観的に観察すると、あいづちというのはなにかしら異様に同調的な態度をきわだたせてしまうのだ。客観的と言ったが、それはひょっとするとヨーロッパ人の目を私たちの客観の目の中に組み入れてしまったということかも知れない。

外国のビジネスマンが商取り引きにやって来る。何か懸命《けんめい》にまくし立てている。私たちのビジネスマンは相手の熱意に打たれ、思わずあいづちを打ってしまう。それは外国人には確実な「イエス」のしぐさとして理解される。そして同意のサインをということになって、書類を取り出す。日本人はそれを見て、とても同意出来ないと首を横に振る。③外国人は驚《おどろ》いて、なんと日本人には誠意がないのだろう、平気でウソをつくというふうに評価する。

この誤解はかなり困ったものだ。私たちは論理と感情の世界を区別している。契約《けいやく》について「イエス」か「ノー」と言うのは論理の世界である。会話においてあいづちを打つのは感情に基づく社会的表現である。この両者を巧《たく》みに組み合わせることで、④むき出しの真実だけではない人間的世界に私たちは生きているのだ。

ヨーロッパでは相手の感情をくんで、いい振舞《ふるま》いをすることを「タクト」と言う。一口にヨーロッパと言ってもいろいろある。アメリカやスイスでは「タクト」は少ない。しかしウィーンやパリでは、日本の繊細《せんさい》さに負けぬほどのタクトがある。これはどういうことなのか。アメリカやスイスは、異人種異言語が日常的に接触《せっしょく》する国である。ウィーンやパリでは、共同の前提となる統一された文化がある。つまり暗黙《あんもく》の了解があるので、その暗黙の了解のうちに相手の感情をいたわることが可能なのだ。アメリカでは、まず論理を通さなければ異人種の間の意見の一致《いっち》を見ることはできない。複雑多様な諸国民が激しく交錯《こうさく》しあう現代世界では、ヨーロッパ型――というよりアメリカ型の「イエス・オア・ノー」が前提となることはやむを得ない事情もある。

しかし、共通の前提をつくる作業が今後数十年、数百年たって地球上にあらわれたとき、微妙《びみょう》な「タクト」が価値を持たないわけではないし、まして日本の「あいづち」が愉快な共同作業の一つの原型として見直されぬとは限らない。

（多田道太郎《ただみちたろう》「しぐさの日本文化」）

*ボディー・エクスプレッション＝身体による様々な表現。しぐさ。

(1) ――線部ⓐ・ⓑの本文中における意味として最も適切なものをそれぞれ次から選び、記号で答えなさい。（3点×2―6点）

ⓐ「あんばいだ」

ア 早合点《はやがてん》である　イ 理論どおりである

ウ 程度にすぎない　エ 可能性にすぎない

オ 独断にすぎない

ⓐ（　　）

ⓑ「ゆるがせにできない」

ア いいかげんにしておくことができない

イ ゆったりと待っていることができない

ウ はっきりと認識《にんしき》することができない

エ いっきに結論をだすことができない

オ 正しいか間違《まちが》っているか決められない

ⓑ（　　）

(2) ――線部①について、「身振り、しぐさ」が「ことばよりもはるかに深く人間の身体にしみついた」ものであるのは、「身振り、しぐさ」のどのような性質からそう言えるのか。本文中から三字で抜《ぬ》き出しなさい。（6点）

重要

(3) ――線部②の説明として最も適切なものを次から選び、記号で答えなさい。（8点）

ア 日本人の返事のアイマイさについては、言われるまでもないことだが、他国の人に日本文化の独自性として認められるならば、これから伸《の》ばしていかなければならないことがわかった。

イ 日本人の返事のアイマイさについては、皆《みな》知っていることだが、他国の人が興味を持つならば、日本文化の優秀《ゆうしゅう》性として評価していかねばならないことがわかった。

ウ 日本人の返事のアイマイさについては、特に目新《まあたら》しいことではないが、他国の人に強く批判されると、日本文化の孤《こ》立《りつ》性を考えるうえで大きな意味を持つ事柄《ことがら》だとわかった。

エ 日本人の返事のアイマイさについては、よく言われていることだが、他国の人にあらためて指摘されると、日本文化のユニークさを考えるうえで大切な指摘だとわかった。

オ 日本人の返事のアイマイさについては、多くの人によって指摘されてきたが、他国の人には理解ができないものであるなら、今後改めていかなければならないとわかった。

（　　）

記述

(4) ――線部③で、「日本人」のどのような点が「誠意がない」「ウソをつく」と「評価」されるのか。具体的に答えなさい。（12点）

（　　）

難 記述

(5) ――線部④について、「私たちは」どのように「生きている」と言っているのか。できるだけ本文中の言葉を用いて説明しなさい。（18点）

（　　）

〔愛光高－改〕

11 詩

解答▼別冊12ページ

1 次の詩を読んで、下の問いに答えなさい。

幸福な名前

牟礼慶子《むれけいこ》

①ガンガンとキキ
安部家に飼われていた
犬と猫《ねこ》の名前
甘《あま》えてなきやまない柴犬《しばいぬ》と
じゃれついて爪《つめ》をたてる猫の子を
②カメラよりもはっきり写しとった名前

ねこじゃらし　すもうとりぐさ
あかのまんま　しゃみせんぐさ
③これらを雑草とは何ごとぞ
正当な学名も聞き覚えぬ
幼な遊びの手と手が
しっかりつかまえた草の名前

重要
(1) [表現技法] ――線部①「ガンガンとキキ」について、この部分に用いられている表現技法を答えなさい。

（　　　　）

(2) [内容把握] ――線部②「カメラよりもはっきり写しとった名前」とあるが、なぜそのような名前をつけることができるのか。次の（A）・（B）に入る言葉を、詩の中からそれぞれ六字以内で抜《ぬ》き出しなさい。

・飼い主の（ A ）や（ B ）が飼い犬や飼い猫の本質をとらえるから。

A［　　　　　　］
B［　　　　　　］

重要
(3) [内容把握] ――線部③「これらを雑草とは何ごとぞ」とあるが、作者は「雑草」と表現することに批判的である。その理由として最も適切なものを次から選び、記号で答えなさい。

ア「これら」は人々の生活の中でつけられた呼び名のある草だから。

きりぎりす　くさひばり
はたおり　かねたたき
道ばたの草むらの闇《やみ》を
ひらすら点《とも》し続けていく
そのあくまで澄《す》みきった挨拶《あいさつ》を
そっくり贈《おく》られた虫の名前

慈愛《じあい》の深さは
いとしいものと結ばれ
凝視《ぎょうし》の確かさは
どんなに小さなものとも結ばれる
□寄り合った　幸福な名前よ！

（「ことばの冠《かんむり》」）

イ「これら」は子どもたちが外で遊ぶときに必ず使う大切な草だから。
ウ「これら」は昔から文献《ぶんけん》に名前が載《の》っているような由緒《ゆいしょ》正しい草だから。
エ「これら」はどこにでもあるが人々の健康に役立つ効能のある草だから。
オ「これら」はひと目見ただけでそれぞれ違《ちが》った特徴《とくちょう》がわかる草だから。　（　）

(4)【語句補充】詩の中の□に入る言葉として最も適切なものを次から選び、記号で答えなさい。
ア　ふと　イ　ひたと　ウ　はたと
エ　ぐっと　オ　やっと　（　）
〔成城学園高―改〕

読解のポイント

❶ 言葉のリズムから、表現された世界をイメージする。
❷ 比喩《ひゆ》をとらえる→詩において重要なのは、リズムと比喩。
❸ 感動の中心をとらえる→描《えが》き出された世界のどこに・何に作者の感動（喜び・悲しみ・驚《おどろ》き・発見など）の中心があるかをとらえる。
❹ 表現技法をとらえる→反復・体言止め・擬人《ぎじん》法などの表現技法とその効果をとらえる。

時間 20分　合格点 80点　得点　点
月　日

解答▼別冊12ページ

1 次の詩と鑑賞《かんしょう》文を読んで、あとの問いに答えなさい。（10点×5—50点）

蝸牛《かたつむり》の道　　清岡卓行《きよおかたかゆき》

初夏の曇《くも》った午後の庭
褐色《かっしょく》の　なめらかな　飛石《とびいし》のうえ。
蝸牛が　①粘《ねば》る時間を這《は》って行く
やわらかな　二対《つい》の角を突《つ》きだして。

這ったあとに敷《し》かれている
薄汚《うすよご》れた　白っぽい　銀色の道。
そこをとても小さな蟻《あり》が　一匹《ぴき》
②自転車に乗って　ジグザグ急ぐ。

雨が　ポツンポツンと降ってくる。
父と幼い子に　まぼろし遊びをさせた
はかない銀の細道は　やがて消える。

蝸牛も　どこかへ行方《ゆくえ》不明。
いや　*萵苣《ちしゃ》の大きな葉のうえで
おいしそうな　遅《おそ》い昼めし。

*萵苣＝レタスの和名。

【鑑賞文】　作者と幼い子は、庭で蝸牛を見つけた。その這って行く様子を眺《なが》めるうち興味は次第に［A］に移っていく。そこで繰《く》り広げられた③空想世界は突然《とつぜん》の雨により新たな場面へ変わっていく。
　作者は、父と子のほのぼのとした心のふれあいを［B］的な表現でのびやかに描《えが》いている。束《つか》の間の貴重な時間をいとおしむ父の切実な気持ちが十分に伝わってくる。

(1) ――線部①は何をたとえたものか。「粘液《ねんえき》を出しながら」に続け、「とした速さで動く様子。」につながるよう、四字で答えなさい。

粘液を出しながら［　　　　］とした速さで動く様子。

(2) ――線部②とあるが、蟻のどのような様子を見立てたものか。最も適切なものを次から選び、記号で答えなさい。

ア のんきに遊んでいる様子。　イ せわしなく動き回る様子。
ウ 坂道を勢いよく登る様子。　エ 氷の上を滑《すべ》るような様子。　（　　）

(3) ［A］に入る適切な言葉を、詩の中から四字で抜《ぬ》き出しなさい。

［　　　　］

重要 (4) ――線部③は、詩の中ではどのように表現されているか。六字で抜き出しなさい。

［　　　　　　］

(5) ［B］に入る適切な言葉を次から選び、記号で答えなさい。

ア 抽象《ちゅうしょう》　イ 民話　ウ 論理　エ 童画　（　　）〔兵庫〕

2 次の詩と鑑賞文を読んで、あとの問いに答えなさい。

朝日をよめる歌　室生《むろう》犀星《さいせい》

その十

①明日がおとづれるときに
何処《どこ》か遠いところで
眩《まば》ゆいばかりの重い書物の一頁《ページ》が
そよかぜのやうに音もなく開かれて行く。

【鑑賞文】　東の空が朝の光に明けてくるとき、②まっさらな新しい一日が始まります。暗い夜のうちに何があろうとも、また昨日からの持ち越《こ》しの何があろうとも、そういう時こそ、ひとはこの新しい一日に新たな希望を懸《か》ける。

その時、世界のどこか遠いところ（神々が住まうところでしょうか）に、この世で起きる事柄《ことがら》のすべてが書き込《こ》まれて、まばゆく輝《かがや》いている厚く重い書物があって、その中の一頁が開かれる。それは[A]起きるだろうことが書き込まれている頁です。

そこに何が書かれているのか、人間はまだ知りません。しかし朝の訪《おとず》れとともに、神の栄光にまばゆく光る「重い書物」の頁が、「[B]」軽《かろ》やかに開いて行くとき、ひとはそこに何よりも、希望の文字を読み取るのです。

この最終行には、世の人々すべてへ宛《あ》てた詩人の祝福の気持ちが、「[B]」優《やさ》しく、漂《ただよ》っています。この詩人は、時として*鬱屈《うっくつ》を胸に懐《いだ》き、時として*偏屈《へんくつ》に似た*憤《いきどお》りを示す人でもあったのですが。

（柴田翔《しばたしょう》「詩に誘《さそ》われて」）

*鬱屈＝気が晴れないで、ふさぎ込むこと。　*偏屈＝ひねくれていること。
*憤り＝怒《いか》りや腹立ち。

重要 (1) ――線部①「明日がおとづれる」と同じ表現技法が用いられているものを次から一つ選び、記号で答えなさい。また、その表現技法を漢字で答えなさい。(完答10点)

ア 雨がぽつりと降る。　イ 星がそっとささやく。
ウ 行こう。あの町へ。　エ 手紙を何度も何度も読み返す。

記号（　　）　表現技法（　　）

(2) ――線部②「まっさらな」の品詞名を答え、これが係る言葉を一文節で抜き出しなさい。(完答10点)

品詞名（　　）　言葉（　　）

(3) [A]に入る適切な言葉を漢字二字で答えなさい。(10点)

(4) [B]に共通して入る言葉を詩の中から八字で抜き出しなさい。(10点)

重要 (5) 鑑賞文の筆者は、この詩には詩人のどのような心情が表れていると述べているか。その説明として最も適切なものを次から選び、記号で答えなさい。(10点)

ア 新しい一日の始まりに対する恐《おそ》れ。
イ 神の栄光にまばゆく光る書物への敬意。
ウ 胸に懐いている鬱屈や、偏屈に似た憤り。
エ 世のすべての人々へ宛てた祝福。

（　　）〔高知－改〕

12 短歌

1 次の文章を読んで、下の問いに答えなさい。

もみぢ照りあかるき中に我《わ》が心
空《むな》しくなりて*しまし居《を》りけり……A

かがまりて見つつ①かなしもしみじみと
水湧《わ》き居れば砂うごくかな……B

もみじの歌は明治四十一年塩原《しおばら》に旅した時の歌である。おそらくもみじが余りにも鮮《あざ》やかで見ている*茂吉《もきち》の顔も紅《あか》く、あるいは黄に照りかがやくほどの見事な紅葉であったのであろう。そのもみじを見て「我が心空しくなりてしまし居りけり」と茂吉は詠《よ》んだ。「心満ち足り」ではないのである。放心したような*法悦《ほうえつ》にも似た無心のひとときである。この無心が私には限りなく尊い境地に思われるのである。決して誰《だれ》にも簡単に「我が心空しくなりてしまし居りけり」とは歌えない境地なのである。

「かがまりて」の歌は茂吉の歌の中でも私の特に好きな歌である。いや好きという言葉は的確ではない。この歌をはじめて読んだときの、新鮮《しんせん》なおどろきを私は今も忘れてはいない。なんと小さなものに対する、幽《かす》かなる者に対する愛の滲《にじ》みでた歌であることか。茂吉は体をかがめて水のかすかに湧く流れを見つめている。ほんのかすかなその湧水《ゆうすい》に砂が静かに動いている。それは動くとも見えぬほどの動きではなかったろうか。この世のながめからすればほんの小さな部分の小さな動きである。この歌に私は、私自身茂吉と同様にかすかに動く砂を見つめているような臨場感を覚えさせられるのだ。②こ

(1) [語意] ――線部①「かなし」の意味として最も適切なものを次から選び、記号で答えなさい。

ア いいようもなく残念だ。
イ どうしようもなく悲しい。
ウ 身にしみていとしい。
エ この上もなくうれしい。

（　　）

重要

(2) [鑑賞] Aの短歌の説明として最も適切なものを次から選び、記号で答えなさい。

ア 紅葉が夕日に照り映えて、みごとな情景の広がる様子が表現されている。
イ 紅葉の美しさの中で、なお美しさを求める作者の心境が表現されている。
ウ 紅葉の美しさに、われを忘れて立ちつくす作者の心境が表現されている。

（　　）

重要

(3) [鑑賞] Bの短歌で、筆者が〜〜線部を最も強く感じている部分を抜《ぬ》き出し、七字以内で答えなさい。

(4) [指示語] ――線部②の「こんな」が指している事《こと》柄《がら》が含《ふく》まれている一文を抜き出し、初めの五字を答えなさい。

んな歌は一体どんな魂《たましい》から生まれてくるのであろう。どんな小さなものをも軽《かろ》んじない豊かな心からでなければ決してこんな歌は生まれてはこない筈《はず》だ。ここにも一貫した茂吉の凝視《ぎょうし》があることを私たちは知るのである。〈短歌は「写生」である。〉という言葉を茂吉の歌は如実《にょじつ》に物語っているのである。

細みづにながるる砂の片寄りに
静まるほどのうれひなりけり……C

この歌は前掲《ぜんけい》の「かがまりて」の歌をつくった翌年明治四十三年の歌である。やや似た情景に思われるが、全くちがう場所であろう。

作者の茂吉は心に憂《うれ》いを持って歩いていた。が、その憂いは細々と流れる小さな流れに砂が片寄っているのを見ただけで静まるほどの憂いであったという歌である。

これはすべての人間が経験する心境であろう。人はつまらぬことを不安に思ったり、心配したり、心にかけたりして生きている。人のほんの一言が気になったり、やらねばならぬ仕事が心にかかったり、自分の言動が反省させられたりして、それが私たちを憂鬱《ゆううつ》にさせたりすることはよくあることだ。だがそれらは大した根の深いものではないから、少しのことでその憂鬱が慰《なぐさ》められ消えてゆくということが多い。友人から電話がきたり、隣人《りんじん》と交わした会話が楽しかったりということで簡単に消えてゆく憂鬱がある。そんな③人間の弱さ、愚《おろ》かさを茂吉は知っていてこの歌にもそうした人間凝視が窺《うかが》えるのである。

（三浦綾子《みうらあやこ》「わが青春に出会った本」）

*しまし＝しばらく。　*茂吉＝斎藤茂吉《さいとうもきち》のこと。歌人。
*法悦＝うっとりするような気持ちよさ。

(5) 【歴史的仮名遣い】 Cの短歌から歴史的仮名遣《づか》いが使われている文節を二つ探し、それぞれを現代仮名遣いに直して答えなさい。

（　　　　）（　　　　）

(6) 【内容把握】 ――線部③の内容を最も具体的に述べている一文を抜き出し、初めの五字を答えなさい。

□□□□□　〔徳島〕

読解のポイント

❶ **短歌の形式**
五・七・五・七・七の合計三十一音でできた韻文《いんぶん》。

❷ **句切れ**
短歌が意味的に切れる部分を「句切れ」という。作者の感動の中心を表す場合が多い。

❸ **短歌の表現技法**
枕詞《まくらことば》……特定の言葉を導き出すために用いられる言葉。
例 ひさかたの→光、たらちねの→母
掛詞《かけことば》……一つの言葉に二つ以上の意味を持たせるもの。
例 まつ→松・待つ、いくののみち→行く野の道・生野（地名）の道
本歌取り……有名な古歌（本歌）の一句または二句を取り入れ、作歌を行う方法。

時間 25分　合格点 80点　得点　　点

解答▼別冊13ページ

月　　日

1 **次の文章を読んで、あとの問いに答えなさい。**（問題文の前には、日本人は春と秋のどちらが好きかを論じた「春秋論争」の文章が省略されている。）

美とは何か――などといいだしたら、それこそたいへんむずかしい美学論議になってしまうでしょう。が、美というものは客観的に存在するものではなく、ある対象をどう見るか、どう感じるか、という人間の見方、感じ方のなかに生まれるもの、と言ってもいいと思います。つまり、端的《たんてき》にいうなら、美とは[A]的なものなのです。

なにを美しいとし、なにを醜《みにく》いものと感じるか、私たちはふだん、ものの＊美醜《びしゅう》を見わける感覚を、無意識のうちに働かせています。その感覚は、生まれつき持ち合わせた先天的な感受性のように思われますが、しかし、じつをいうと、そうした感受性というものは、その人間が、その民族が、長い歳月をかけて徐々《じょじょ》に培《つちか》ってきたものにほかなりません。ですから自分の生まれ育った環境《かんきょう》によって、人間の美感は異なり、民族によって美醜の意識はかけちがってしまうのです。別言すれば、何かを美しいなあと思うその心は、習慣によって、経験によって、学習によって、はじめて身についたものだということです。

むろん、咲《さ》き乱《みだ》れる花を見れば、だれもが美しいと思うでしょう。満天の星が輝《かがや》くのを見あげれば、きれいだと思うにちがいありません。美しいものは美しい。だから美というものは＊普遍《ふへん》的であり、万人の心をひとしくとらえるものだ、と、ついそう考えがちです。

しかし、おなじ星空をながめても、それを美しいと感じる感じ方は、[B]なのです。他の民族といわず、日本人同士でさえそうです。

私はこんな話をきいて、びっくりしたことがあります。夏休み、都会の子どもたちを自然に親しませようと、空気の澄《す》んだ高原へ連れて行ったところ、夜になって満天の星が輝きだすと、子どもたちは、いっせいに気味悪がったというのです。

気味が悪い！　都会の子どもたちが見なれている夜空は、いつも＊煤煙《ばいえん》でかすんでおり、彼《かれ》らは、それが空というものだと思っている。だから数えきれぬほどの星が輝いている空は、美しいどころか、薄《うす》気味悪く思えるのでしょう。

さて、前記の「春秋論争」ですが、紀貫之《きのつらゆき》は、つぎのような歌を詠《よ》んでいます。

春秋におもひみだれてわきかねつ時につけつゝうつる心は

彼は、春と秋どちらがいいかと問われ、あれこれ考えているうち、思いが乱れて、ついに、どちらがいいともいえなくなってしまったのです。

しかし、こうした素朴《そぼく》な問いによって、自然の美しさに対する感受性は磨《みが》かれていったのです。春と秋、いずれか、という問いに答えようとすれば、とうぜん、[a][b][c][d]それが美への第一歩です。

たとえば、＊後鳥羽《ごとば》院のつぎの歌が、それを、そのまま語っています。

見わたせば山もとかすむ水無瀬《みなせ》川夕べは秋となに思ひけん

春の夕べ、院は水無瀬の離宮《りきゅう》から、山もとかすむ水無瀬川をながめやり、その風景の美しさに打たれて、なぜ自分はこれまで、［X］などと思いこんでいたのだろう、と述懐《じゅっかい》されているのです。

こうして、美の世界は、しだいにひろがってゆきます。詩歌《しいか》とは、芸術とは、美の発見史と言ってもいいでしょう。そして、美の発見とは、美を自覚することにほかなりません。

（森本哲郎《もりもとてつろう》「日本人の感性について」）

＊美醜＝美しいことと、醜いこと。
＊普遍的＝広く行き渡《わた》るさま。極めて多くの物事にあてはまるさま。
＊煤煙＝燃料を燃やしたときに出るすすと煙《けむり》。
＊後鳥羽院＝第八十二代天皇。譲位《じょうい》して上皇となった後、後鳥羽院と呼ばれた。

(1) ［A］に入る適切な言葉を漢字二字で答えなさい。（15点）

(2) ［B］に入る四字熟語として最も適切なものを次から選び、記号で答えなさい。（15点）

ア 一期一会《いちごいちえ》　イ 千載一遇《せんざいいちぐう》
ウ 日常茶飯《さはん》　エ 千差万別

（　　）

重要

(3) ――線部「私はこんな……ことがあります」とあるが、なぜ筆者は「びっくり」したのか。その理由として最も適切なものを次から選び、記号で答えなさい。（20点）

ア 改めて美は主観的なものであると確信したから。
イ 子どもたちの美の感じ方の多様性を実感させられたから。
ウ 筆者にとっては予測もしていなかった事実に触《ふ》れたから。
エ 意外にも子どもたちが自分の感情を素直《すなお》に表現したから。

（　　）

(4) ［a］〜［d］には、それぞれ次のいずれかの文が入る。文意が通じるように、適切なものを一つずつ選び、記号で答えなさい。（完答20点）

ア 春の景色を心に思い描《えが》き、秋の風物に心を馳《は》せてみる。
イ 自然の美しさに対する自分の気持ちが、しだいにはっきりしてゆく。
ウ 何気なく見過ごしていた風物のひとつひとつを、美という基準から見直すようになる。
エ 春の景色と秋の風物とを心のなかで思いくらべる。

a（　　）b（　　）c（　　）d（　　）

記述

(5) ［X］には、どのような内容が入るか。十五字以内で答えなさい。（30点）

〔鳥取－改〕

13 俳句

1 次の俳句を読んで、下の問いに答えなさい。

ア みづからの風をはらみて初桜　　鷹羽狩行《たかはしゅぎょう》

イ きりぎりす時を刻みて限りなし　　中村草田男《なかむらくさたお》

ウ 大根を抱《いだ》き碧空《あお》を見てゆけり　　飯田龍太《いいだりゅうた》

エ 髪《かみ》撫《な》でてうなじの日焼《ひやけ》あはれなる　　水原秋櫻子《みずはらしゅうおうし》

2 次の俳句を読んで、下の問いに答えなさい。

ア 初暦《はつごよみ》めくれば月日流れそむ　　五十嵐播水《いがらしばんすい》

イ 去年今年《こぞことし》貫く棒の如《ごと》きもの　　高浜虚子《たかはまきょし》

ウ 降る雪や明治は遠くなりにけり　　中村草田男

エ 初雪のたちまち松につもりけり　　日野草城《ひのそうじょう》

3 次の文章を読んで、下の問いに答えなさい。

山路来て何やらゆかしすみれ草　　芭蕉《ばしょう》

秋の燈《ひ》やゆかしき奈良の道具市　　蕪村《ぶそん》

重要

1 [季語] 上の俳句から、夏の季語を用いた俳句を一つ選び、記号で答えなさい。（　　　）〔沖縄〕

2 [内容把握] 上の俳句から、新年にあたって改まった気持ちを詠《よ》んだ俳句を一つ選び、記号で答えなさい。（　　　）〔大分－改〕

3

(1) [漢字] ――線部ⓐ・ⓑのカタカナを、それぞれ漢字で答えなさい。

ⓐ（　　　）　ⓑ（　　　）

重要

(2) [句切れ] 「芭蕉」・「蕪村」の句は、どの言葉のあとに意味の切れ目があるか。それぞれ一語で答えなさい。

芭蕉（　　　）　蕪村（　　　）

(3) [指示語] ――線部① 「そうした美」を表す熟語を、

いずれも、ぼくにとって忘れがたい句だ。両俳人とも心に「ゆかし」と感じ入った嘱目《しょくもく》の景をそのまま素直にそう表現している。じっさい、山路をたどってきて、ふと目を落としたとき、紫《むらさき》の小さな花を可憐《かれん》に支えている菫《すみれ》は、なんとも「ゆかし」く思われるし、傍《かたわ》らにともした秋の灯《ひ》を受けて道具市の品々が柔《やわ》らかく光っている風情《ふぜい》は、ⓐコト・奈良という土地柄《がら》だけに、まことに「ゆかしき」さまに見えてくる。

「ゆかし」は本来「行く」に由来する。つまり、行かま欲《ほ》し、行ってみたい、という意からつくられた語である。そこから、何となく知りたい、見たい、聞きたい、と興が持たれる心のさまを表す言葉となった。しかし、それはギラギラした好奇の目ではなく、見るにしても、さりげなく、よそ目ながらに視線を投げる、そのような余裕《よゆう》を持った、あるいは抑制《よくせい》のきいた姿勢が前提となっている。そして、このようなゆとりある態度こそが、①そうした美の発見につながっているのである。

『徒然草《つれづれぐさ》』で兼好《けんこう》が「花はさかりに、月はくまなきをのみ見るものかは」とⓑシルしているのは、まさしくこの②「ゆかしい」心の持ち方であろう。月を見るといえば一点の雲もない満月、花を愛《め》でるなら満開の桜、それ以外に目が向かない、というのは、何と味気ない観賞の仕方であろうか、と彼《かれ》はいい、雨の降る夜にかくれている月を想《おも》い、満開の花より、これから咲《さ》こうとしている梢《こずえ》を仰《あお》いだりして興じるほうが、ずっと趣《おもむき》深い、すなわち「ゆかしい」ではないか、と。

（森本哲郎《もりもとてつろう》「失われた『ゆかしさ』」）

*嘱目の景＝目に触《ふ》れる風景。

これより前の本文中から抜《ぬ》き出しなさい。

（　　　　　）

(4) **[内容把握]** ――線部②の「心の持ち方」とは、どのようなものか。それを示す部分を含《ふく》む一文を抜き出し、初めと終わりの三字を答えなさい。ただし、句読点等も字数に含《ふく》める。

□□□～□□□

〔岡山県立岡山朝日高－改〕

読解のポイント

❶ **俳句の形式**

五・七・五の十七音でできた韻文《いんぶん》。和歌（短歌）の上句（五・七・五）が独立したもので、音数が多い場合を**字余り**、音数が少ない場合を**字足らず**という。

❷ **季語**

俳句では、季節を示す言葉（**季語**）を句の中に入れるというルールがある。季語を中心として詠まれた俳句の**季節感**をとらえることが重要。

❸ **切れ字**

俳句で用いられる「や・かな・けり」などの助詞・助動詞を**切れ字**という。この切れ字によって意味を強めたり、**詠嘆《えいたん》（感動）**を表す効果がある。つまり、切れ字をとらえることで作者が何に、どのように感動しているかを理解できる。

Step A
Step B
Step C

重要
1

次の俳句の説明として最も適切なものをあとから選び、記号で答えなさい。（15点）

こんこんと水は流れて花菖蒲《はなしょうぶ》　臼田亜浪《うすだあろう》

ア 流れの激しさに負けることなくしっかりと根付いて咲《さ》いている花菖蒲の存在によって、野生の持つしたたかさが感じられ、そこに生命力の持つ強さが象徴《しょうちょう》的に表現されている。
イ 水がとどまることなくわき出て流れているほとりに、菖蒲の花が鮮《あざ》やかに咲いている姿を表した句であり、流れの動と静なる花の両者が対照的にとらえられて表現されている。
ウ 水面に舞《ま》うように散ってゆく菖蒲の花びらを瞬間《しゅんかん》的にとらえ、そのままそれが川に揺《ゆ》れながら流されていくという描写《びょうしゃ》によって、自然の持つ美しさが生き生きと描《えが》かれている。
エ 豊かに流れる水の上に反射する春の光のまばゆさと、紫《むらさき》に咲いている花菖蒲との色合いの取り合わせが見事に表現されており、そこに陽と陰《いん》との対照が印象的に描かれている。

（　　）

2

次の俳句と鑑賞《かんしょう》文を読んで、鑑賞文中の□に入る内容として最も適切なものをあとから選び、記号で答えなさい。（15点）

*万歳《まんざい》の春をさし出す扇《おうぎ》かな　子直

万歳のさし出す扇から春が生まれるように感ずるというよりも、さらに進んで、□、と見たのである。こういう言い表し方は今の句とは大分異なった点があるように思う。新春そのものを包括《ほうかつ》して、ある形の下に表したのが、この句の特色をなしている。

（柴田宵曲《しばたしょうきょく》「古句を観《み》る」一部表記を改めたところがある。）

*万歳＝正月に、家々をめぐってその年の繁栄《はんえい》を祝うことばを述べ、腰《こし》につけた小さな太鼓《たいこ》を打ちながらこっけいな踊《おど》りをする芸人。

ア 扇の絵柄《えがら》には春の景色が描《えが》かれている
イ 扇に春の風物そのものをのせてさし出す
ウ 万歳の扇のさし出し方が華《はな》やかである
エ 万歳が扇によって春そのものをさし出す

（　　）

3

次の俳句と鑑賞文を読んで、鑑賞文中の□に入る内容として最も適切なものをあとから選び、記号で答えなさい。（15点）

雲雀《ひばり》落ち天に金粉残りけり　平井照敏《ひらいしょうびん》

春の野に出て、高く高く揚《あ》がる雲雀を見上げるのは、一年でもっとも輝《かがや》かしいと言ってもいいひとときである。まわり中が光に溢《あふ》れ、まっさおな空には雲ひとつなく、あたたかく、長閑《のどか》で、その真中《まんなか》を、雲雀がきらきらとあの特徴的な声を振《ふ》りまきながらどこまでもどこまでも揚がってゆく。揚がって、揚がって、空気が薄《うす》くなりはしないかというところまで揚がって、そしてふいに鳴き止《や》めた雲雀は、こんどは一直線に野に落ちてくる。

この句は、雲雀の揚がりつつあった輝く時間が、頂点に達した

時間	合格点	得点
40分	80点	点

解答▼別冊14ページ

月　日

あとふいに途切《とぎ》れて終わってしまう、［　　］と言っている。雲雀は それまで振りまいていたきらめきのいくばくかを天に残したまま、沈黙《ちんもく》した一個の身体となって落ちたのだ。作者は雲雀のいなくなった天をなおも仰《あお》いで、残り香《が》のようなきらめきに幻惑《げんわく》されている。「空」と言わずに「天」と言い、「金」と言っているために、この句の後ろには黄金の太陽の存在が感じられる。輝きのすべては言うまでもなくそこから発している。

（正木《まさき》ゆう子「現代秀句《しゅうく》」一部表記を改めたところがある。）

ア その失速感を、まるで一個の沈黙した身体が野に落ちてくるようだ

イ その上昇感《じょうしょう》を、まるで天に向かってどこまでも揚がってゆくようだ

ウ その空白感を、まるで天に金粉が残っているようだ

エ その躍動感《やくどう》を、まるで雲雀が天に金粉を振りまいているようだ

（　　）

4 次の文章を読んで、あとの問いに答えなさい。

芭蕉《ばしょう》は、夜に門人を呼んで、句を書き取らせた。すでに病床《びょうしょう》に伏《ふ》すようになって数日、逝去《せいきょ》する四日前のことである。「病中吟《ぎん》」と題するその句、

旅に病《やん》で夢は枯野《かれの》をかけ廻《めぐ》る

そして別に「①なほかけ廻る夢心」をあげて、どちらにしたものか、と迷いを示したのであった。さらに、次のようなことを述べた、という。

自分は今日明日死ぬかという瀬戸際《せとぎわ》で、いまや生死の一大事にこそ思いをひそめるべきであるのに、相変わらず、発句《ほっく》の推敲《すいこう》などに心をくだいている。これはまさに②現世への執着心《しゅうちゃく》そのものにちがいない。だが、平生《へいぜい》から私は、この俳諧《はいかい》の道ばかりをわが心にこめて、それでもう五十の坂を越《こ》えてしまった。私の心は、眠《ねむ》っている夢の中でも大自然の風景の中にあり、目を覚ましているときも、大自然の一つ一つのすがたに心をひかれる。それが、心の中で表現に出たいと求めるのである――と。

ここには、死に近き病床で、③仏心と魔心《ましん》のせめぎあいのただなかにいる作家の心が、制作の具体的な例とともに、生き生きと写し出されている。

（上野洋三《うえのようぞう》「芭蕉、旅へ」）

(1) ――線部①「なほかけ廻る夢心」に「病中吟」の句の一部を補い、一句の形に完成させなさい。（20点）

（　　）

(2) ――線部②「現世への執着心」の内容として最も適切なものを次から選び、記号で答えなさい。（15点）

ア 芸術の真価を世に伝えるべきだ

イ 己《おのれ》の才能を正当に評価されたい

ウ 築いた名声を失ってはなるまい

エ 求める道を貫き通さねばならぬ

（　　）

重要 (3) ――線部③の中で、本来ならばどうなければならないと考えているのか。適切な部分を二十五字以内で抜き出しなさい。（20点）

〔秋田－改〕

Step A　Step B　Step C

時間	合格点	得点
45分	80点	点

月　日

解答▼別冊14ページ

1 次の俳句とその鑑賞文《かんしょう》を読んで、あとの問いに答えなさい。（3点×10—30点）

A　秋空を二つに断《た》てり椎《しい》大樹　　高浜虚子《たかはまきょし》

四季の空の中でも、もっとも[a]を感じさせるのが秋空です。その秋空をきっぱりと二つに分けるように、椎の樹《き》が立っているという句です。いかにも、堂々としてりっぱな椎の大木の姿です。しかし、いかにりっぱな椎の樹であっても、秋空を二つに分断することなど、実際にはあるはずがありません。この句の中心は「二つに断てり」ですが、この表現は、[b]意味の「写生」からはけっして生まれてくるものではありません。作者の心を通じて、初めてできた表現なのです。

B　きつつきや落ち葉をいそぐ牧の木々　　水原秋櫻子《みずはらしゅうおうし》

牧場の木々の葉が、自分の意志で落ちいそぐでしょうか。[c]と感じたのはじつは作者で、秋が一日一日と深まって、日がしだいに短くなっていく気ぜわしい時期だからこそ、このように感じたのでしょう。季語であるきつつきのコツコツという木をたたく音が、その感じを、いっそう深めていきます。

C　露《つゆ》の玉蟻《あり》たぢたぢとなりにけり　　川端茅舎《かわばたぼうしゃ》

露の玉を前にして、ありが、進みかねている様子を見せたとしても、ありの心持ちがわかるはずがありません。[d]は、やはり、作者の主観の入った表現です。

（鷹羽狩行《たかはしゅぎょう》「現代の俳句」）

(1) [a]に入る適切な言葉を次から選び、記号で答えなさい。

ア 明るさ　イ 青さ　ウ 広さ　エ 美しさ　（　　）

(2) [b]に入る適切な言葉を次から選び、記号で答えなさい。

ア ひろい　イ せまい　ウ あかるい　エ くらい　（　　）

(3) [c]・[d]に入る適切な言葉を、それぞれ俳句の中から五字以上十字以内で抜《ぬ》き出しなさい。

c □□□□□□□□□□

d □□□□□□□□□□

重要 (4) A～Cの俳句について、あとの問いに答えなさい。

① A・Bの俳句に共通して使われている表現技法を答えなさい。（　　）

② A～Cの俳句はすべて同じ季節を詠《よ》んでいる。その季節を答えなさい。また、A・Cの俳句から季語をそれぞれ抜き出しなさい。

〈季節〉（　　　）

〈季語〉A（　　　）　C（　　　）

③ B・Cの俳句から切れ字をそれぞれ抜き出しなさい。

B（　　　）　C（　　　）

2 次の文章を読んで、あとの問いに答えなさい。

若菜摘《つ》む　野辺の霞《かすみ》ぞあはれなる　昔を遠くへだつと思へば
西行《さいぎょう》・山家《さんか》集

西行（一一一八—九〇）もまた、若菜の一首を詠む。ⓐ野原で若菜を摘む人を見て自分の青春の日々を思い出したのであろう。人日《じんじつ》は人間の始まりの日である。この日に若菜を食べると、一年の邪《じゃ》気《き》をはらうことができる。アダムとイブの恋《こい》がエデンの園の林檎《りんご》から始まったが、和歌と漢詩の恋は春の山野の若菜から始まる。

春先の風物である若菜は、花の色や鶯《うぐいす》の囀《さえず》りよりもいち早く春の到《とう》来《らい》を知らせる。若菜から春が始まり、四季が始まる。この大自然の営みに呼応するかのように、人も春になれば陽気になり、心が弾《はず》む。そこで詩人と歌人は、春とともに芽生える若菜を借りて、恋する心の躍動《やくどう》を表現する。

「巻耳《けんじ》を採りても採りても　筐《かご》に盈《み》たず　ああ　我《わ》れ　人を懐《おも》いて　彼《か》の*周行《しゅうこう》に置《お》く」（*詩経《しきょう》・周南・巻耳）。旅に出かけた恋人がなかなか帰ってこない。恋人を思いつつ女は巻耳を採る。いくら採っても籠《かご》を満たさない。恋に満たされない気持ちをうたう。巻耳は春の七草繁縷《はこべら》のことである。

「彼《か》の南山に陟《のぼ》り　言《ここ》に其《そ》の蕨《わらび》を採る　未《いま》だ君子を見ず　憂心惙惙《ゆうしんてつてつ》たり」（詩経・召南・草蟲《そうちゅう》）。春の南山に登り蕨を採る女も、恋人に会えない寂《さび》しさを憂《うれ》う。もしいま、ここで彼《かれ》に会い、彼に寄り添《そ》うことができればどんなに嬉《うれ》しいことか、と訴《うった》える。

ⓑ春の始まりを象徴《しょうちょう》する若菜は、恋の象徴となり、詩歌《しいか》に盛《さか》んに取り入れられるようになる。

若菜が恋の象徴になりえたのは、春夏秋冬の自然風物に心情を託《たく》すという詩歌の伝統手法があるからである。

袖《そで》ひちて　むすびし水のこほれるを　春立つけふの風やとくらむ
紀貫之《きのつらゆき》・古今《こきん》集二

春夏秋冬は日中の文学につねに登場する。清少納言《せいしょうなごん》の『枕草子《まくらのそうし》』は「春はあけぼの。夏は［A］。秋は［B］。冬は［C］」で始まる。金国、宋国《そうこく》、蒙古《もうこ》の狭間《はざま》で波瀾《はらん》に満ちた生涯《しょうがい》を送った元《げん》の劇作家白樸《はくぼく》（一二二六—一三〇六）は、海棠《かいどう》の花から、春夏秋冬の風物を順にとりあげて描写《びょうしゃ》し、歳月《さいげつ》の流伝《るでん》が夢の如《ごと》く、春花秋月を思う存分に楽しもうと感歎《かんたん》する（白樸・喬木査《きょうぼくさ》）。

そして、詩歌の世界を見てみると、まず春夏秋冬の順で歌を配列する『古今集』が浮上《ふじょう》する。いま挙げた一首は二番目の歌である。夏に手で掬《すく》った山の泉水は冬に凍《こお》りついた。凍りついた泉水を、今日の春風は解かす。

わずか三十一文字の中に、春夏秋冬の四季が盛り込《こ》まれている。

《中略》

若菜が恋の象徴になりえたのは、春花秋月に心情を託す手法とともに、ⓒ興《きょう》という表現技法にもよる。

「興」はおこすということ。詩人はある景物を眼《め》にする。その景物は詩人にある種の感動を与《あた》える。そこで、詩人は景物を描写することによって、おのれの感動をうたい出す。つまり、まず他物《たぶつ》を語る。他物から真に語りたいもの、本物を引き興《おこ》す。これが興である。最もよく見られるのは、自然の景物から人間の心情を引き出すことである。

詩人の胸中にさまざまな気持ちが去来する。どのようにして、どこを切り口にして、それをうたいだすかが難しい。そこで、目にした景物から入れば入りやすい。それがすなわち興である。

興は『詩経』に起源する。

「関雎《かんしょ》」の書き出しは、「関関たる雎鳩《しょきゅう》　河の洲《す》に在《あ》り」「参差《しんし》たる荇菜《あさざ》　これを左右の流れにもとむ」である。河の中洲《なかす》でかんかんと鳴きあうみさごも、川の中にながれるあさざも、*君子*淑女《しゅくじょ》と何の関係もない。だが、双双《そうそう》たるみさごの姿に触発《しょくはつ》され、作者は君子淑女の恋を思う。新緑の若菜から、清清《すがすが》しい淑女の姿を思う。作者が語りたいのは鳥のみさごでもなく、草の若菜でもない。作者が語りたいのは君子淑女の恋である。みさごと若菜という外的な景物を通して、心に潜《ひそ》む情感を引き出す。自然風物と人情とは、詩歌の中で渾然《こんぜん》一体になる。

和歌にも興がある。

紀淑望《きのよしもち》は『古今集』の真名序にて、和歌には六種の風体があり、そのうちのひとつは興であるという。日本古典文学全集は、「興」を「比喩《ひゆ》されるものを表面に示さない、いわゆる暗喩」と注釈《ちゅうしゃく》するが、暗喩は比喩の一種であり、興ではないと私は考える。興には比喩の要素があることは確かであり、「比」と「興」を並べて「比興」と言われることが多い。しかし興は比喩そのものではない。興はおこす。他物から本物を引き起こすことをいう。

「花の色は　移りにけりないたづらに　わが身よにⓓふる　ながめせしまに」（小野小町《おののこまち》・古今集一一三）。「ふる」は「経《ふ》る」と「降る」の意味にかかり、色褪《あ》せて古びゆくさまをあらわす。花の色の変化から老いの悲しみを引き起こす。

ⓔ「あしひきの　山鳥の尾《を》のしだり尾の　ながながし夜をひとりかも寝《ね》む」（柿本人麻呂《かきのもとのひとまろ》・拾遺集《しゅうい》七七八）。山鳥の長い尾からひとり寝る長夜のさびしさを引き起こす。

片思いの恋をする少女は、庭に飛ぶ蛍《ほたる》を捕《つか》まえ、かざみの袖に包み、「つつめども　かくれぬものは夏虫の　身よりあまれる思ひなりけり」（大和《やまと》物語）と詠む。袖に包んでも隠《かく》しきれない、袖から漏《も》れて来る蛍の光よ、まるであの人への私のあふれる思いのようなものだ。隠そう隠そうとしてもつい顕《あら》われてしまうのだ。少女は興の技法で、[X]からおのれの[Y]を引き出して詠んだのである。

和歌も漢詩も、興を用いない作品はほとんどない。興はⓕ含蓄《がんちく》という詩歌の魅力《みりょく》を創《つく》り出す。最初から何もかも露骨《ろこつ》に言ってしまえば、趣《おもむき》がない。悲しいときは悲しいという言葉を使わない。秋の落ち葉で悲しみを引き起こす。嬉《うれ》しいときは嬉しいと言わない。春の花爛漫《らんまん》で心の喜びを引き起こす。引き起こすという過程があるからこそ、かぎりなく味わいが生まれる。

（彭丹《ほうたん》「いにしえの恋歌」）

*周行＝あちこち巡《めぐ》り行くこと。人々の歩く道。
*詩経＝中国最古の詩集。
*君子＝学識・人格ともに優《すぐ》れた立派な人物のこと。
*淑女＝しとやかで上品な女性のこと。

(1) A ～ C に入る言葉を現代仮名遣《づか》いに直し、すべて平仮名《がな》で答えなさい。（2点×3－6点）

A（　　） B（　　） C（　　）

(2) X ・ Y に入る適切な言葉を答えなさい。（2点×2－4点）

X（　　） Y（　　）

難 記述

(3) ――線部ⓐについて、なぜ筆者は西行が「若菜を摘む人を見て自分の青春の日々を思い出した」と考えるのか。わかりやすく説明しなさい。（12点）

（　　）

記述

(4) ――線部ⓑについて、若菜が恋の象徴となる理由を答えなさい。（12点）

（　　）

(5) ――線部ⓒについて、あとの問いに答えなさい。

① 基本的にどのような技法か。「技法」につながるように、本文中から二十字以内で抜き出しなさい。（7点）

□□□□□□□□□□□□□□□□□□□□ 技法

記述

② この技法が生まれた理由について答えなさい。（7点）

（　　）

重要

(6) ――線部ⓓ・ⓔで用いられている和歌の表現技法をそれぞれ漢字二字で答えなさい。（2点×2－4点）

ⓓ □□ ⓔ □□

記述

(7) ――線部ⓕとはどのようなことか。わかりやすく説明しなさい。（12点）

（　　）

重要

(8) 筆者の考える「興」の技法を用いた歌を次から二つ選び、記号で答えなさい。（完答6点）

ア 春すぎて夏来にけらし白妙《しろたへ》の衣ほすてふ天《あま》の香具山《かぐやま》

イ 吹《ふ》くからに秋の草木のしをるればむべ山風を嵐《あらし》といふらむ

ウ かくとだにえやはいぶきのさしも草さしも知らじな燃ゆる思ひを

エ いにしへの奈良《なら》の都の八重《やへ》桜けふ九重《ここのへ》ににほひぬるかな

オ 花さそふ嵐の庭の雪ならでふりゆくものはわが身なりけり

カ 風そよぐならの小川の夕ぐれはみそぎぞ夏のしるしなりける

（　・　）

〔慶應義塾女子高－改〕

14 古文① 随筆

月　日

解答▼別冊15ページ

1 次の「玉勝間《たまかつま》」の原文と現代語訳を読んで、下の問いに答えなさい。

【原　文】

桜の花ざかりに、歌よむ友だち、これかれかい連ねて、そこかしこ、見ありきける、かへるさに、見し花どものこと、語りつつ来《きた》るに、ひとりがいふやう、「まろは、歌よまむと、思ひめぐらしけるほどに、①けふの花は、いかにありけむ、こまやかにも見ずなりぬ。」といへるは、②をこがましきやうなれど、まことはたれもさもあることと、をかしくぞ聞きし。

【現代語訳】

桜の満開の時に、歌よみの仲間が、この人あの人と連れだって、あちらこちらと、見て歩いた、その帰途《きと》に、見てきた桜の花などのことを、話しながら来ると、一人が言うには、「わたしは、歌をよもうと思って、あれこれ考えているうちに、本日の花は、どんなであったろうか、詳《くわ》しくは見ないでしまった。」と言ったのは、□、実際にはだれにも経験のあることと、おもしろく聞いた。

2 次の古文は、都の荒廃《こうはい》ぶりを聞いた筆者が、「仮の庵《いほり》」での暮らしについて述べたものである。これを読んで、下の問いに答えなさい。

1

(1) 【歴史的仮名遣い】――線部①を現代仮名遣《づか》いに直し、平仮名《がな》で答えなさい。（　　）

(2) 【現代語訳】□に入る――線部②の現代語訳として最も適切なものを次から選び、記号で答えなさい。

ア 生意気なことのようであるけれども
イ 情趣《じょうしゅ》深いことのようであるけれども
ウ ばからしいことのようであるけれども
エ ひかえめなことのようであるけれども

（　　）

(3) 【心情把握】「まろ」の話を聞いたときの筆者の気持ちとして最も適切なものを次から選び、記号で答えなさい。

ア よい歌ができなかったことを不思議に思っている。
イ 初心者にありがちな未熟さを残念だと感じている。
ウ 桜も見ないで歌をよもうとした態度を批判している。
エ 歌をよむときにはよくあることだと共感している。

（　　）〔愛知〕

ただ仮の庵のみ、のどけくして*おそれなし。程《ほど》*せばしといへども、夜臥《ふ》す床《ゆか》あり、昼ゐる座あり。一身をやどすに①不足なし。かむな*は小さき貝を好む。これ身知れるによりてなり。②みさご*は荒磯《あらいそ》にゐる。すなはち、人をおそるるがゆゑなり。われまたかくのごとし。身を知り、世を知れれば、願はず、わしらず*。ただしづかなるを望みとし、憂《うれ》へなきをたのしみとす。

（「方丈記《ほうじょうき》」）

*のどけくして＝のどかで。　*程せばし＝狭《せま》い。　*かむな＝ヤドカリ。
*みさご＝鳥の名称《めいしょう》。　*わしらず＝あくせくしない。

古文の基礎《きそ》レッスン①

❶ 月の異名《いみょう》

一月―睦月《むつき》　二月―如月《きさらぎ》　三月―弥生《やよい》
四月―卯月《うづき》　五月―皐月《さつき》　六月―水無月《みなづき》
七月―文月《ふ(み)づき》　八月―葉月《はづき》　九月―長月《ながつき》
十月―神無月《かんなづき》　十一月―霜月《しもつき》　十二月―師走《しわす》

❷ 歴史的仮名遣いのきまり（原則）

①「ぢ」・「づ」→「じ」・「ず」　例 おぢいさん→おじいさん　めづらし→めずらし
②語頭以外の「は・ひ・ふ・へ・ほ」→「わ・い・う・え・お」　例 使ひけり→使いけり
③ア段の音＋う（ふ）→オ段＋う　例 あふぎ→おうぎ（扇）
イ段の音＋う（ふ）→イ段＋ゅう　例 きうり→きゅうり
エ段の音＋う（ふ）→イ段＋ょう　例 てふ→ちょう（蝶）
④くわ→か・ぐわ→が　例 くわかく→かかく（過客）

2

(1) [現代語訳] ――線部①を打ち消しの表現を用いずに現代語訳しなさい。
（　　　　）

重要 記述
(2) [内容把握] ――線部②の理由を筆者はなぜだと述べているか。現代語でわかりやすく答えなさい。
（　　　　）

重要
(3) [内容把握] 筆者が望む暮らしとして最も適切なものを次から選び、記号で答えなさい。
ア 訪《おとず》れる動物だけを心の慰《なぐさ》めとする、山の庵での暮らし。
イ 清貧《せいひん》に徹《てっ》し人々の尊敬を集める、草深い庵での暮らし。
ウ ひたすら穏《おだ》やかで心配事のない、小さな庵での暮らし。
（　　　）〔奈良〕

読解のポイント

❶ 古典常識を身につけよう
月の異名・歴史的仮名遣いなど。
❷ 基本の古文単語を覚えよう
特に古今異義語（昔と現代で意味の違《ちが》っている言葉）に注意。
例 うつくし（古 かわいい　現 美しい）

時間	合格点	得点
40分	80点	点

月　日

解答▼別冊15ページ

1 次の古文を読んで、あとの問いに答えなさい。（10点×5－50点）

①八月つごもり《下旬》、太秦《うづまさ》に詣《まう》づ《太秦にある広隆寺に参る》とて見れⓐば、穂《ほ》に出《い》でたる田を人いと②おほく見さわぐⓑは、稲刈《いねか》るなりけり。*早苗《さなへ》とりしかいつのまに、まことにさいつころ《先ごろ》賀茂《かも》《賀茂神社》へ詣づとて見しⓒが、③あはれにもなりにけるかな。これは男《をのこ》ども、いとあかき稲の本《もと》ぞ青き《黄金色の稲で根本が青い稲》を持たりて刈る。なににかあらんして《何か道具を使って》本を切るさまぞ、やすげに、せまほしげに《やってみたいというふうに》見ゆるⓓや。いかでさすらむ《どうしてそのようにしているのだろうか》。穂をうち敷《し》きて並みをるもをかし。④庵《いほ》《粗末《そまつ》な小屋》のさまなど。

（「枕草子《まくらのそうし》」）

*「早苗とりしかいつのまに」の表現は「昨日こそ早苗とりしかいつの間に稲葉《いなば》そよぎて秋風の吹《ふ》く」という古歌からの引用。

(1) ——線部①「八月」の異名を答えなさい。（　　）

(2) ——線部②「おほく」を現代仮名遣《づか》いに直し、平仮名《がな》で答えなさい。（　　）

重要 (3) ‖線部ⓐ～ⓓのうち、筆者の動作ではないものはどれか。一つ選び、記号で答えなさい。（　　）

(4) ——線部③の筆者の心情を説明したものとして最も適切なものを次から選び、記号で答えなさい。

ア 稲刈りが始まったということを知り、季節の移ろいの早さに気づいて驚いている。

イ 田植えが始まったということを知り、太秦へのお参りが遅《おく》れたことに焦《あせ》っている。

ウ 稲穂《いなほ》を敷き並べる様子を見て、賀茂神社にお参りしたときのことを懐《なつ》かしんでいる。（　　）

重要 (5) ——線部④のあとに省略されている述語を、古文中から一語で抜《ぬ》き出しなさい。（　　）

〔鳥取－改〕

2 次の古文を読んで、あとの問いに答えなさい。

*八九月ばかりに雨にまじりて吹《ふ》きたる風、①いとあはれなり。*雨の脚横《あし》さまにさわがしう吹きたるに、*夏とほしたる綿衣《わたぎぬ》のかかりたるを、生絹《すずし》の単衣《ひとへぎぬ》かさねて着たるも、いとをかし。*この生絹だにいと所せく暑かはしく、とり捨てまほしかりしに、②いつのほどにかくなりぬるにか、と思ふもをかし。暁《あかつき》に格子《*かうし》・妻戸《*つまど》をおしあけたれば、嵐《あらし》のさと顔にしみたるこそ、いみじくをかしけれ。

九月つごもり、十月のころ、空うち曇《くも》りて風のいとさわがしく吹きて、黄なる葉どものほろほろとこぼれ落つる、いとあはれなり。桜の葉、椋《むく》の葉こそ、いととく*は落つれ。

③十月ばかりに、木立おほかる所の庭は、いとめでたし。

（「枕草子」）

*八九月＝陰暦《いんれき》（旧暦《きゅうれき》）の八月・九月のことである。陰暦の八月・九月・十月は、今日では、ほぼひと月遅《おく》れの九月・十月・十一月にあたる。

*雨の脚横さまにさわがしう吹きたるに＝雨が横降りになるほど、騒《さわ》がしく風が吹い

ているときに。

*夏とほしたる綿衣のかかりたるを＝夏中通して着ていた綿衣が何かにかかっていたのを取って、生絹の単衣と重ねて着ているのは。（綿衣・生絹の単衣は、当時の衣服のことである。）
*この生絹だにいと所せく暑かはしく、とり捨てまほしかりしに＝この生絹の単衣さえ実にわずらわしく暑苦しく、脱《ぬ》ぎ捨てたいぐらいだったのに。
*格子＝細い角材を縦横に細かく組み、黒塗《ぬ》りした戸。
*妻戸＝建物の四隅《よすみ》に設けた両開きの戸。
*とくは落つれ＝（ほかの木の葉にくらべて）はやく落ちてしまう。

(1) ——線部①と対比される「枕草子」を代表する言葉を古文中から選び、現代仮名遣いに直して平仮名三字で答えなさい。（8点）

（　　　）

(2) ——線部②「いつのほどにかくなりぬるにか」の解釈《かいしゃく》として最も適切なものを次から選び、記号で答えなさい。（8点）

ア いつの間にこんなに暑苦しくなったのだろうか。
イ いつの間にこんなに涼《すず》しくなっていたのだろうか。
ウ いつの間にこんな綿衣を着せてくれたのだろうか。

（　）

(3) ——線部③「十月ばかりに、木立おほかる所の庭は、いとめでたし（とてもすばらしい）」について、なぜそのように言えるのか。第二段落の内容も考えに入れて、その理由として適切なものを次から二つ選び、記号で答えなさい。（完答10点）

ア 微妙《びみょう》な季節の移り変わりを、一層感じることができるから。
イ 色づいた葉の散り敷く庭や落ちゆくさまを、眺《なが》めることができるから。
ウ 風の音がなにもかもを忘れさせてくれ、心を軽《かろ》やかにしてくれるから。
エ 暑かった夏がやっと終わって、涼しい風を肌《はだ》に感じることができるから。

（　・　）〔京都－改〕

3 次の古文を読んで、あとの問いに答えなさい。（8点×3－24点）

今日はその事をなさんと思へど、*あらぬ急ぎ先《ま》づ出《い》で来てまぎれ暮《く》らし、待つ人は①さはりありて、*頼《たの》めぬ人は来《きた》り、頼みたる方の事は違《たが》ひて、思ひよらぬ道ばかりはかなひぬ。わづらはしかりつる事は②ことなくて、*やすかるべき事はいと心ぐるし。日々に過ぎ行くさま、かねて思ひつるには似ず。一年《ひととせ》の中《うち》も③かくの如《ごと》し。一生の間もまた*しかなり。

かねての*あらまし、皆《みな》違ひゆくかと思ふに、*おのづから違はぬ事もあれば、いよいよ物は定めがたし。*不定《ふぢやう》と心得ぬるのみ、誠《まこと》にて違はず。

（「徒然草《つれづれぐさ》」）

*あらぬ急ぎ＝意外な急用。　*頼めぬ人＝あてにしていない人。
*やすかるべき事＝やさしいはずのこと。　*しかなり＝そのとおりである。
*あらまし＝予期していたこと。　*おのづから＝たまたま。
*不定＝定めがたいこと。

(1) ——線部①の意味として最も適切なものを次から選び、記号で答えなさい。

ア 支障　イ 感触《かんしょく》　ウ 配慮《はいりょ》　エ 失念

（　）

記述 (2) ——線部②「ことなくて」を、現代語訳しなさい。

（　）

記述 (3) ——線部③「かく」の内容を、現代語で答えなさい。

（　）〔京都－改〕

15 古文② 説話・紀行文

Step A Step B Step C

月　日

解答▼別冊16ページ

1 次の古文を読んで、下の問いに答えなさい。

今は昔、貫之《つらゆき》《紀貫之》が土佐守《とさのかみ》《土佐の国司》になりて、下りてありける《任地に下っていたが》程《ほど》に、任果《にんはて》の年《任期が終わる年》、七つ八つばかりの子の《貫之の子で》、えもいはずをかしげなるを《何とも言えないほど美しい子を》、限《かぎ》りなく①かなしうしける《かわいがっていた》が、とかくわづらひて《しばらく病気にかかって》失《う》せにければ、泣きまどひて、病《やまひ》づくばかり思ひこがるる程に、月ごろになりぬれば《数か月もたったので》、②かくてのみあるべき事かは《このようにしてばかりいられようか》、上りなん《都へ帰ろう》と思ふに、児《ちご》《子供が》のここにて何とありしはやなど《こんなことをしていたなあなどと》、思ひ出《い》でられて、いみじう《とても》悲しかりければ、柱に書きつけける。

③都へと思ふにつけて悲しきは帰らぬ人のあればなりけり

と書きつけたりける歌なん、今までありける。

（「今昔《こんじゃく》物語集」）

2 次の古文を読んで、下の問いに答えなさい。

ある犬、肉をくはへて川を渡《わた》る。まん中ほどにて、その影《かげ》、水に映りて、大きに見えければ、「わがくはふるところの肉より大きなる。」と心得て、①これを捨ててかれを取らんとす。かかるゆゑに、二つながらこれを②失ふ。

そのごとく、*重欲《ぢうよく》心の輩《ともがら》は、他の財《たから》をうらやみ、事にふれて貪《むさぼ》るほどに

1

(1) [歴史的仮名遣い] ――線部①を現代仮名遣《づか》いに直しなさい。

（　　　　）

重要

(2) [指示語] ――線部②の内容を示している部分を十九字で抜《ぬ》き出しなさい。ただし、句読点等も字数に含《ふく》める。

重要

(3) [心情把握] ――線部③の歌を作った理由として最も適切なものを次から選び、記号で答えなさい。

ア 子を失ったために、子と一緒《いっしょ》に都へ帰れないことが悲しかったから。

イ 子を失ったために、自分が都へ帰れなくなり悲しかったから。

ウ 都へ帰ってきたが、子の生前の様子を思うと悲しかったから。

（　　　　）〔茨城－改〕

2

(1) [指示語] ――線部①「これ」は何を指すか。古文

たちまち天罰《てんばつ》をかうむる。わが持つところの財をも失ふことありけり。

（「伊曾保《いそほ》物語」）

＊重欲心＝非常に欲ばりな心。

古文の基礎《きそ》レッスン②

❶係り結び

①文中で「ぞ」「なむ」「こそ」「か」「や」が用いられると、文末が変化する。

例 水こほりけり → 水ぞこほりける

＊「ぞ」「なむ」「か」「や」は文末が連体形に、「こそ」は已然《いぜん》形になる。

②意味

「ぞ」「なむ」「こそ」→強意。

※現代語訳に特に違《ちが》いはないが、筆者が強調表現を用いていることに留意する。

「か」「や」→疑問・反語。

例 これやわが求むる山ならむ。

（これが私が探している山なのだろうか。）

例 いづれか歌をよまざりける。

（誰《だれ》が歌を詠《よ》まないだろうか、いや誰もが詠む。）

❷省略

古文では、主語や述語の省略が多く見られるので注意する。

例 金《こがね》・銀《しろかね》・瑠璃《るり》色の水（が）、山より流れいでたり。

❸代表的な説話・紀行文

・説話……人々の間で語り伝えられた、神話や民話などの総称《そうしょう》。
今昔物語集・宇治拾遺《うじしゅうい》物語・十訓抄《じっきんしょう》・古今著聞集《ここんちょもんじゅう》など

・紀行文……旅行中の体験や見聞などを書きつづったもの。
おくのほそ道・野ざらし紀行（いずれも作者は松尾芭蕉《まつおばしょう》）など

中からそのまま抜き出し、九字で答えなさい。

(2)［歴史的仮名遣い］――線部②を現代仮名遣いに直し、平仮名《がな》で答えなさい。（　　）

重要 (3)［内容把握］この文章は、どのようなことを述べようとしているのか。最も適切なものを次から選び、記号で答えなさい。

ア 他人の物に目が奪《うば》われると、自分の物を捨ててでも欲しがるものだ。

イ 心が貧しいと、あらゆる欲望にとらわれて食欲なども増すものだ。

ウ 欲深い心にとらわれると、かえって思わぬ損失をこうむるものだ。

（　　）〔宮城－改〕

読解のポイント

❶指示語に注意

「かく」「かやう」などの指示語の内容を把握《はあく》することは、文脈理解にとって大切である。

❷会話文をとらえる

会話文の範囲《はんい》を問う問題は頻出《ひんしゅつ》である。「と」「とて」などを手がかりとして、その終わりを確定したあと、文脈をたどって始まりを考える。

時間 40分　合格点 80点　得点　点

解答▼別冊17ページ

1 次の古文を読んで、あとの問いに答えなさい。

今は昔、藤六《とうろく》といふ歌よみありけり。あやしき者《使用人》の家に入りて、人もなかりける①折《をり》を見つけて、入りにけり。鍋《なべ》に煮《に》けるものをすくひけるほどに、家あるじの女、水を汲《く》みて、大路《おほぢ》の方より来て見れば、かくすく《このように》ひ食へば、いかにかく人もなき所に入りて、かくはするものをばまゐる②ぞ。あなうたてや《ああひどいことだ》、藤六にこそいましけれ《藤六さまではありませんか》。さらば《それなら》歌詠《よ》み給《たま》へと言ひければ③、

昔より＊阿弥陀仏《あみだほとけ》の誓《ちか》ひにて　煮ゆるものをばすくふとぞ知る

とこそ詠みたりけれ。

（「宇治拾遺物語《うじしゅうい》」）

＊阿弥陀仏＝阿弥陀如来《にょらい》のこと。一切の人々を救うという誓いをたてている仏。

記述 (1) ——線部①「人もなかりける」を現代語訳しなさい。（10点）

（　　　　）

(2) ——線部②「まゐるぞ」の意味として最も適切なものを次から選び、記号で答えなさい。（5点）

ア 弱りましたね　イ 見つけましたね

ウ おがむのですか　エ 食べるのですか

（　　）

重要 (3) ——線部③「言ひければ」の会話の始まりはどこからか。初めの三字を抜《ぬ》き出しなさい。（5点）

重要 (4) 次の表は、和歌の解釈《かいしゃく》を「すくふ」の二通りの意味をもとにして整理したものである。空欄《くうらん》に入る言葉を古文中からそれぞれ抜き出しなさい。（完答12点）

だれが	何を	どうする
	地獄《じごく》の釜《かま》で煮られる人たち	すくふ
藤六		

（長崎）

重要

2 次の古文を読んで、あとの問いに答えなさい。

＊弥生《やよひ》も末《すゑ》の七日《なぬか》、明《あけ》ぼのの空朧々《ろうろう》として、＊月は在明《ありあけ》にて光をさまれる物から、＊不二《ふじ》の峰幽《みねかすか》にみえて、上野谷中《うへのやなか》の花の梢《こずゑ》＊又いつかはと心ぼそし。＊むつましきかぎりは＊宵《よひ》よりつどひて①、舟《ふね》に乗《のり》て送る②。千じゅ(住)と云《いふ》所にて船をあがれば、＊前途《ぜんと》三千里のおもひ胸にふさがりて、＊幻《まぼろし》のちまたに離《り》別《べつ》の泪《なみだ》をそそぐ。

行春《ゆく》や＊鳥啼魚《なきうを》の目は泪

＊是《これ》を矢立《やたて》の初《はじめ》として、行道なほすすまず③。人々は途中に立《たち》ならびて、後《うしろ》かげのみゆる迄《まで》はと見送《みおく》るなるべし。

（「おくのほそ道」）

＊弥生も末の七日＝旧暦《きゅうれき》の三月二十七日。
＊月は在明……物から＝月は有明月で、光は薄《うす》らいでいるが。
＊不二の峰＝富士山《ふじさん》。　＊又いつかはと＝又いつ見られることかと。
＊むつましきかぎりは＝親しい人々はみな。
＊宵よりつどひて＝前の晩から集まって。
＊前途三千里……ふさがりて＝いよいよ長い旅に出るのだなあという感慨《かんがい》が胸に一杯になって。

*幻のちまたに＝この世は夢まぼろしの世ではあるが。

*鳥啼魚の目は泪＝鳥は悲しげになき、魚の目には涙《なみだ》があふれているようだ。

*是を矢立の……すすまず＝この句を旅日記の書き初めとして、旅の第一歩をふみ出したが、道はなかなか進まない。

(1) ――線部①・③をそれぞれ現代仮名遣《づか》いに直して答えなさい。（5点×2－10点）

①（　　　）③（　　　）

重要 記述

(2) ――線部②の主語を古文中より抜き出しなさい。（8点）

（　　　）

(3) 古文中の句は、作者のどのような気持ちから生まれたか。現代語で答えなさい。（15点）

（　　　）

3 次の古文は、『古今著聞集《ここんちょもんじゅう》』の「恵《ゑ》心僧都《しんそうづ》の妹安養《あんやう》の尼盗人《あまぬすひと》に逢《あ》ひて奇特《きどく》の事」という話である。これを読んで、あとの問いに答えなさい。

〔長野－改〕

*横川《よがは》の*恵心僧都の妹、安養の尼のもとに、強盗《がうとう》入りにけり。ものどもみなとりて出《い》でにければ、あまうへは、*紙ぶすまといふ物ばかり*負《を》ひきて、ⓐ居《ゐ》られたりけるに、姉なるあまのもとに、小尼公《こあまぎみ》とてありけるが、はしりまゐりてみければ、*小袖《そで》をひとつとりおとしたりけるをとりて、「これを盗人とりおとして侍《はべ》りけり。*たてまつれ」とて、もちてきたりければ、①尼うへのいはれけるは、これもとりて後は、わが物とこそおもひつらめ。②ぬしの心ゆかざらん物をば、いかがきける。盗人はいまだに遠くはよもゆかじ。*とくとくもちておはしまして、とらさせ給へとありければ、門のかたへはしりいでて、「やや」とⓑよびかへして、「これをおとされにけり。たしかに*たてまつらん」といひければ、盗人ども立ちどまりて、しばしあんじたる*けしきにて、「あしくまゐりにけり」とて、③とりたりける物どもをも、*さながら返しおきて帰りにけりとなん。


*横川＝比叡山延暦寺《ひえいざんえんりゃくじ》の三塔《とう》の一つ。 *恵心僧都＝天台宗の高僧《こうそう》、源信。

*紙ぶすま＝紙で作った寝具《しんぐ》。 *負ひきて＝身につけて。 *小袖＝袖口の小さい衣服。

*たてまつれ＝ご着用ください。 *とくとく＝急いで。

*たてまつらん＝差し上げましょう。 *けしき＝様子。 *さながら＝すべて。

(1) ――線部ⓐ・ⓑの主語を次から選び、記号で答えなさい。（5点×2－10点）

ア 恵心僧都　イ 安養の尼
ウ 小尼公　エ 盗人

ⓐ（　　　）ⓑ（　　　）

重要

(2) ――線部①とあるが、「尼うへ」が言った部分を抜き出し、終わりの五字を答えなさい。（5点）

(3) ――線部②の現代語訳として最も適切なものを次から選び、記号で答えなさい。（5点）

ア 持ち主が承知しないものをどうして着ることができますか。
イ 私が納得《なっとく》できないものをどうしても着なければいけませんか。
ウ あなたが嫌《きら》いなものをどうやって着るのですか。（　　　）

難 記述

(4) ――線部③とあるが、「さながら返しおきて帰」った理由をわかりやすく説明しなさい。（15点）

（　　　）

〔長野－改〕

16 漢詩・漢文

月　日

解答▼別冊18ページ

1 次の漢詩と解説文を読んで、下の問いに答えなさい。

建徳江《けんとくこう》に宿る　　孟浩然《もうこうねん》

舟《ふね》を移して　煙渚《えんしょ》に泊《はく》す
日暮《にちぼ》　客愁《かくしゅう》新たなり
野曠《ひろ》くして　天　樹《き》に低く
江清くして　月　人に近し

①宿ル建徳江ニ　　孟浩然

移シテレ舟ヲ泊ス二煙渚ニ一
日暮客愁新タナリ
②野曠クシテ天低クレ樹ニ
江清クシテ月近シレ人ニ

【解説文】
孟浩然は、〝春眠暁《しゅんみんあかつき》ヲ覚エズ〟で有名な「春暁《しゅんぎょう》」の作者です。旅の途中《とちゅう》、建徳江（川の名）のほとりに船繋《ふながか》り（船をつないで港に泊《と》まること）したときの思いを詠《よ》んだ□です。
船を岸によせて③霧《きり》がかかるなぎさに停泊《ていはく》した。日が暮れると、旅愁《りょしゅう》はあらためていちだんと深まる。野は果てしもなく、遠くひろがる空は木々の梢《こずえ》よりも低く垂《た》れ、水は清く澄《す》んで、流れに浮《う》かぶ月かげは④わた

重要 (1) 【返り点】――線部①に、書き下し文を参考にして返り点をつけなさい。

宿ル建徳江ニ

重要 (2) 【対句】――線部②「野曠」と表現が対になっている部分を、漢詩の中から抜《ぬ》き出しなさい。

（　　　）

(3) 【現代語訳】――線部③「霧がかかるなぎさ」・④「わたし」は漢詩の中のどの言葉を解釈《かいしゃく》したものか。それぞれ抜き出しなさい。

③（　　　）　④（　　　）

重要 (4) 【心情把握】この漢詩には作者のどのような気持ちが詠《よ》まれているか。その気持ちを短くまとめた言葉を、解説文の中から二字で抜き出しなさい。

□□

し」に近づいてくるように感じられる。

わずか二十字のなかに、夕暮れから夜にかけての時間と目に映る情景の推移、それにともなう旅人の感情の微妙《びみょう》な変化が、さりげなくそして的確に写し出されています。人の一生は心のふるさとを求めて歩きつづける〝旅〟にもたとえられますが、この夜の月かげは作者にとって生涯《しょうがい》忘れられぬ印象を残したに違《ちが》いありません。

（奥平卓《おくだいらたかし》「漢文の読み方」）

漢詩の基礎《きそ》レッスン

❶ 漢詩の種類

五言絶句……五文字四句で構成　**五言律詩**……五文字八句で構成
七言絶句……七文字四句で構成　**七言律詩**……七文字八句で構成

❷ 漢詩の表現技法

対句《ついく》……二つの句の同じ位置にある語句が、構成や意味のうえで対応しているもの。
押韻《おういん》……漢字の母音《ぼいん》をそろえること。

対句や押韻には、用いるときに次のようなきまりがある。

	対句	押韻
五言絶句	きまりはない。	二・四句末
七言絶句	きまりはない。	一・二・四句末
五言律詩	三句と四句、五句と六句	二・四・六・八句末
七言律詩	三句と四句、五句と六句	一・二・四・六・八句末

❸ 漢詩人

李白《りはく》……唐の時代に活躍《かつやく》。七言絶句にすぐれ、「詩仙《しせん》」と呼ばれる。
杜甫《とほ》……唐の時代に活躍。律詩を完成させ、「詩聖」と呼ばれる。松尾芭蕉《まつおばしょう》は、杜甫から大きな影響《えいきょう》を受けている。

---

(5) **【文学史】** この詩の作者孟浩然や李白、杜甫らが活躍し、漢詩が最も栄えた時代はいつか。次から一つ選び、記号で答えなさい。

ア 三国　イ 唐
ウ 宋《そう》　エ 明《みん》

（　　）

(6) **【漢詩の知識】** □に入るこの漢詩の種類として最も適切なものを次から選び、記号で答えなさい。

ア 五言絶句
イ 五言律詩
ウ 七言絶句
エ 七言律詩

（　　）

〔山口―改〕

読解のポイント

❶ 書き下し文のルールを知る

中国語の文章を日本語に**読み替《か》えた文章**が**書き下し文**である。その際、中国語と日本語では語順・発音が異なるので**返り点**をつけ、**送り仮名**をふって日本語化した。

❷ 返り点のルールを知る

レ点……下から上に一字だけ返って読む。
読ムレ書ヲ（書を読む）
一・二点……下から上に数字の順に読む。
愛ス二人民ヲ一（人民を愛す）

Step A Step B Step C

時間 30分　合格点 80点　得点　点

月　日

解答▼別冊19ページ

1 次の漢詩と解説文を読んで、あとの問いに答えなさい。

夜雪　白居易《はくきょい》

已《すで》に*衾枕《きんちん》の冷ややかなるを訝《いぶか》り
復《ま》た窓戸《そうこ》の明らかなるを見る
夜深くして雪の重きを知る
時に聞く　折竹《せっちく》の声

*衾枕＝寝具《しんぐ》。

夜雪　白居易

已ニ訝リ二衾枕ノ冷ヤカナルヲ一
復タ見ル二窓戸ノ明ラカナルヲ一
①夜深クシテ知ル雪ノ重キヲ
時ニ聞ク折竹ノ声

【解説文】
作者は、夜中に目を覚まし、寝具がたいそう冷たいのを[A]。②ふと外を見て雪が降っていることに気づいた。眠《ねむ》れぬ作者を包み込《こ》む夜が深まる中、③「折竹の声」という表現がこの情景のもつ[B]さを一層強調している。

重要 (1) 書き下し文の読み方になるように、――線部①に返り点をつけなさい。(完答5点)

夜 深クシテ 知ル 雪ノ 重キヲ

(2) [A]・[B]に入る最も適切な言葉をそれぞれ次から選び、記号で答えなさい。(5×2－10点)

A　ア 腹立たしく思った　イ 気味悪く思った
　　ウ 不思議に思った　エ 寂《さび》しく思った

B　ア 静寂《せいじゃく》　イ 繊細《せんさい》　ウ 空虚《くうきょ》　エ 重厚

A（　　）B（　　）

(3) ――線部②について、作者が雪の降っていることに気づいた理由を表している部分を、漢詩の中から漢字三字で抜《ぬ》き出しなさい。(5点)

(4) ――線部③の内容を説明した次の文の[　]に入る適切な言葉を、四字の現代語で答えなさい。(10点)

竹が[　]に耐《た》えかねて折れる音

〔兵庫〕

2 次の漢文の書き下し文は、門人の徐子《じょし》が仲尼《ちゅうじ》(孔子《こうし》のこと)の言葉について質問し、それに師の孟子《もうし》が答えている場面である。これを読んで、あとの問いに答えなさい。

徐子曰《い》はく、「仲尼亟《しばしば》水を称《せう》して(ほめて)曰はく『水なるかな、水なるかな(ああ、水よ、水よ)。』と。何をか水に取れるや(水のどういう点をほめたのでしょうか)。」と。孟子曰はく、「原泉混混として(源のある水は、こんこんとわき出して)、昼夜を舍《お》かず(昼も夜も流れ続ける)。①科《あな》に盈《み》ちて(窪地《くぼち》を満たして)而《しか》る後に進み(流れていき)、四海に放《いた》る(大海に達する)。②本有る者(根本がしっかりしているもの)は是《か》くのごとし。③是《これ》を之《これ》取れるのみ。苟《いや》しくも(もし)本無しと為《な》さば、七八月の間、雨集まりて、溝澮《こうくわい》(田の溝《みぞ》が)皆《みな》盈つるも、其《そ》の涸《か》るるや、立ちて待つべきなり（あっという間である）。故《ゆゑ》に声聞《せいもん》情に過ぐるは、（評判が実際以上にいいことは）、君子（徳の高い立派な人物は）④之を恥《は》づ。」と。

（「孟子」）

重要 (1) ——線部①「科に盈ちて」は、漢文「盈科」を書き下し文に改めたものである。書き下し文を参考にして、「盈チテ科ニ」に返り点をつけなさい。（5点）

盈チテ科ニ

(2) ——線部②「本」とあるが、水の場合、「本」にあたるものは何か。書き下し文中から抜き出しなさい。（10点）（　　）

(3) ——線部③「是を之取れる」とあるが、誰《だれ》がほめたのか。書き下し文中から抜き出しなさい。（10点）（　　）

(4) ——線部④「之を恥づ」とあるが、君子は「声聞情に過ぐる」ことのどのような点を恥ずかしく思うのか。最も適切なものを次から選び、記号で答えなさい。（10点）

ア 水が大海にまで流れ着くように、その評判が思いもかけないところにまで広がっていく点。

イ 雨が降り過ぎると田畑の作物が台無しになっていくように、人々に迷惑《めいわく》をかけてしまう点。

ウ 源のない水がたちまちかれてしまうように、根本がしっかりしておらず、永続性がない点。

エ 世間の評判はうつろいやすいものであり、ほめられても必ず忘れられる日がやってくる点。（　　）

〔山口〕

3 次の漢詩を読んで、あとの問いに答えなさい。

黄鶴楼《くわうかくろう》にて孟浩然《まうかうねん》の広陵《くわうりよう》に之《ゆ》くを送る　李白《りはく》

故人西ノカタ辞シ二黄鶴楼ヲ一
煙花三月下ル二揚州ニ一
孤帆ノ遠影碧空ニ尽キ
惟*ダ見ル長江ノ天際ニ流ルルヲ

故人西のかた黄鶴楼を辞《じ》し
煙花《えんか》三月□
孤帆《こほ》の遠影碧空《えんえいへきくう》に尽《つ》き
惟《た》だ見る長江の天際に流るるを

*「惟」は「唯」と書くこともある。

(1) この漢詩の形式として最も適切なものを次から選び、記号で答えなさい。（5点）

ア 五言絶句　イ 七言絶句
ウ 五言律詩　エ 七言律詩　（　　）

記述 (2) □に入る書き下し文を答えなさい。（10点）（　　）

記述 (3) ——線部「孤帆」の意味を答えなさい。（10点）（　　）

重要 (4) この詩には作者のどのような心情が表されているか。最も適切なものを次から選び、記号で答えなさい。（10点）

ア 大河の力強い流れに励《はげ》ましを感じている気持ち。

イ 古くからの友人との別れを惜《お》しむ気持ち。

ウ 家族と別れて一人で旅立つ者の孤独《こどく》な気持ち。

エ 遠く離《はな》れた故郷の春を懐《なつ》かしむ気持ち。（　　）

〔群馬—改〕

Step A Step B Step C

1 次の古文を読んで、あとの問いに答えなさい。

＊筑紫《つくし》に、なにがし《なんとかいう》の＊押領使《あふりやうし》など①いふやうなる者ありけるが、＊土大根《つちおほね》を万《よろづ》にいみじき《よく効く》薬とて、朝ごとに□つづつ焼きて食ひけること、年久しくなりぬ。ある時、館《たち》の内に人もなかりける隙《ひま》をはかりて《ねらって》、敵襲《かたきおそ》ひ来たりて囲み攻めけるに、館の内に兵《つはもの》二人出《い》で来て命を惜《を》しまず戦ひて、皆《みな》追ひかへしてげり《追い返してしまった》。いと不思議に覚えて《思われて》、日ごろここにものしたまふ《仕えていらっしゃる》とも見ぬ人々の、②かく《このように》戦ひしたまふは、いかなる人ぞ。と問ひければ、③年ごろ頼《たの》みて、朝な朝な召しつる《毎朝召し上がった》土大根らにさぶらふ《でございます》。といひて失せにけり《消えてしまった》。深く信をいたしぬれば、④かかる徳《恩恵》もありけるにこそ《あったのであろう》。

（「徒然草《つれづれぐさ》」）

＊筑紫＝九州北部にあった国の一つ。　＊押領使＝地方の治安を担当する役人。
＊土大根＝大根のこと。

(1) ——線部①の「いふやうなる」を現代仮名遣《づか》いに直して答えなさい。（2点）

（　　　　）

(2) □に入る適切な漢数字を答えなさい。（2点）

□

(3) ——線部②「かく」の指している内容を、古文中から六字で抜《ぬ》き出しなさい。（6点）

□□□□□□

記述
(4) ——線部③「年ごろ頼みて」とあるが、どのようなことを「頼みて」いたのか。二十字以内の現代語で答えなさい。（6点）

□□□□□□□□□□□□□□□□□□□□

記述
(5) ——線部④「かかる」の指している内容を、現代語で答えなさい。（6点）

（　　　　　　　　　　）

重要
(6) 押領使の言った言葉を抜き出し、その初めと終わりの三字を答えなさい。ただし、句読点等も字数に含《ふく》める。（完答4点）

□□□～□□□

(7) 「徒然草」の筆者と、書かれた時代をそれぞれ答えなさい。（完答4点）

筆者（　　　　）　時代（　　　　）時代

〔島根―改〕

時間 45分
合格点 80点
得点 　　点

解答▼別冊19ページ

月　日

2 次の古文を読んで、あとの問いに答えなさい。

今は昔、丹後《たんご》の国に老尼《らうに》ありけり。地蔵菩薩《ぢざうぼさつ》は①暁《あかつき》ごとに歩《あり》き給《たま》ふといふことを、ほのかに聞きて、暁ごとに地蔵見奉《たてまつ》らむとて、ひと世界惑《まど》ひ歩くに、*博打《ばくち》の打ちほうけて居たるが見て、「尼君《あまぎみ》は、寒きに何わざし給ふぞ」といへば、「地蔵菩薩の暁に歩き給ふなるに、あひ参《まゐ》らせむとて、かく歩くなり」といへば、②「地蔵の歩かせ給ふ道は、我《われ》こそ知りたれば、いざ給へ、あはせ参らせむ」といへば、③「あはれ、嬉《うれ》しきことかな。地蔵の歩かせ給はむ所へ、我を率《ゐ》ておはせよ」といへば、「我に物を得させ給へ。④やがて率て奉らむ」といひければ、「この着たる衣奉らむ」といへば、「いざ給へ」とて、隣《となり》なる所へ率て行く。

尼よろこびて急ぎ行くに、そこの子に、ⓐぢざうといふ童《わらは》ありけるを、それが親を知りたりけるによりて、ⓑ「ぢざうは」と問ひければ、親「遊びに去《い》ぬ。今来なむ」といへば、「*くは、ここなり。ⓒぢざうのおはします所は」といへば、尼嬉しくて、*紬《つむぎ》の衣を脱《ぬ》ぎて取らすれば、博打は急ぎて取りて去ぬ。

尼は地蔵見参らせむとて居たれば、⑤親どもは心得ず、などこの童を見むと思ふらむと思ふほどに、十ばかりなる童の来たるを、「くは、ⓓぢざう」といへば、尼、見るままに⑥是非《ぜひ》も知らず、臥《ふ》し転《まろ》びて拝み入りて、土にうつぶしたり。童、*楉《しもと》をもてあそびけるままに来たりけるが、その*楉して、手すさびのやうに額をかけば、額より顔の上まで裂《さ》けぬ。裂けたる中より、⑦えもいはずめでたき地蔵の御顔見え給ふ。尼拝み入りてうち見あげたれば、かくて立ち給へれば、涙《なみだ》を流して拝み入り参らせて、⑧やがて極楽へ参りけり。

（「宇治拾遺《うじしゅうい》物語」）

*博打＝かけ事をする人。ばくち打ち。
*くは＝ほら。さあ。
*紬＝絹織物の一つ。
*楉＝細い枝を折ったもの。
*楉して＝楉を使って。

(1) ――線部①「暁」の意味として最も適切なものを次から選び、記号で答えなさい。（2点）

ア 明け方
イ 昼時
ウ 夕暮れ時
エ 深夜

（　　）

(2) ――線部②「地蔵の歩かせ給ふ道は、我こそ知りたれば、いざ給へ、あはせ参らせむ」とあるが、このように言っている「博打」の考えとして最も適切なものを次から選び、記号で答えなさい。（4点）

（　　）

ア 世間知らずな尼をからかって笑いものにしてやろう、という考え。
イ けなげな尼をあわれに思い、親身に相談にのってやろう、という考え。
ウ 地蔵菩薩に対する尼の信仰《しんこう》心の深さを試してやろう、という考え。
エ 親切なふりをして、尼から何かしらをだましとってやろう、という考え。

(3) ――線部③「あはれ、嬉しきことかな」と「尼」が感じた理由として最も適切なものを次から選び、記号で答えなさい。（4点）

（　　）

ア 地蔵菩薩にお会いしたいと思っていたのが自分だけでないとわかったから。
イ 地蔵菩薩も、この同じ道をお歩きになったことがあると博打が教えてくれたから。
ウ お会いしたいと思っていた地蔵菩薩に会わせてくれると博

打が言ったから。

エ 博打が、お会いしたいと思っていた地蔵菩薩の化身であることを知ったから。（　　）

(4) ——線部④「やがて率て奉らむ」・⑦「えもいはず」の意味として最も適切なものをそれぞれ次から選び、記号で答えなさい。（2点×2－4点）

④「やがて率て奉らむ」

ア しばらくしたら地蔵菩薩をお迎《むか》えに行きましょう。

イ このまま地蔵菩薩のところにお連れいたしましょう。

ウ すぐに地蔵菩薩のところに行かれますか。

エ 間もなく地蔵菩薩がお見えになるはずです。（　　）

⑦「えもいはず」

ア 言葉では言い表せないほど

イ 口に出すのもはばかられるほど

ウ 開いた口がふさがらないほど

エ 声をかけることもできないほど（　　）

(5) ——線部ⓐ～ⓓの「ぢざう」の中で、一つだけほかと異なるものを指しているものを選び、記号で答えなさい。（6点）（　　）

(6) ——線部⑤「親どもは心得ず」とあるが、どのようなことに対して「心得ず」だったのか。その説明として最も適切なものを次から選び、記号で答えなさい。（4点）

ア 博打がなぜ自分たちの子どもを探しているのかということ。

イ 博打がなぜ尼に対して親切にしているのかということ。

ウ 尼がなぜ自分たちの子どもに会いたいと思っているのかということ。

エ 尼がなぜ自分たちの家に地蔵菩薩がいると思い込《こ》んでいるのかということ。（　　）

(7) ——線部⑥「是非も知らず」とあるが、この表現から「尼」のどのような気持ちが読み取れるか。その説明として最も適切なものを次から選び、記号で答えなさい。（4点）

ア 帰って来た童を地蔵菩薩だと頭から信じこんでいる。

イ 地蔵菩薩だと言われたのに、童が現れたことに怒《おこ》っている。

ウ 地蔵菩薩が童の姿になって現れたことに驚《おどろ》いている。

エ 親が童のことを地蔵菩薩と呼んでいることに戸惑《とまど》っている。（　　）

(8) ——線部⑧「やがて極楽へ参りけり」とあるが、それはなぜか。その理由として最も適切なものを次から選び、記号で答えなさい。（4点）

ア 博打にだまされた尼をあわれに思った地蔵菩薩が、博打をこらしめるとともに、尼を極楽に導いたから。

イ 尼の期待を裏切ってしまった地蔵菩薩が、おわびのしるしに童を使いとして送り、尼を極楽に導いたから。

ウ 尼の純粋《じゅんすい》な信仰心に報《むく》いるため、地蔵菩薩が童の姿を借りて尼の前に現れ、尼を極楽に導いたから。

エ 尼から衣を供養《くよう》された地蔵菩薩が、その供養に感心して尼の前に現れ、尼を極楽に導いたから。（　　）

重要

(9) この話に込められた教訓として最も適切なものを次から選び、

記号で答えなさい。（6点）

ア むやみに人の話を信じると、ひどい目に合うので注意すべきである。

イ 他人を幸せにするためであれば、時には嘘《うそ》をつくことも必要である。

ウ 仏の慈悲《じひ》にすがるためには、自らの損得を考えず供養することが肝要《かんよう》である。

エ 疑いの心をさしはさまず、深く純粋な信仰心を持つことが大切である。

（　　）

〔桐蔭学園高〕

3 次の漢詩と古文を読んで、あとの問いに答えなさい。

曾《そう》参《しん》

母指纔《わづカニ》方《まさニ》嚙《かム》
①児《じ》心《しん》痛《ンデ》不レ禁《ぜ》
負《ウテ》レ薪《たきぎヲ》帰《き》来《らい》晩《おそシ》
骨肉至《ル》二情《ノ》深《キニ》一

母指纔*かに方*に嚙む。
児心痛んで禁ぜず。
薪を負うて帰来晩し。
［　　　　　　］。

曾参、ある時、山中へ薪を取りに行き侍《はんべ》り。母留守にゐたりけるに、親しき友来たれり。これをもてなしたく思へども、曾参は内にあらず、もとより家貧しければ、②かなはず、曾参が帰れかしとて、③みづから指を嚙めり。曾参、山に薪を拾ひゐたるが、にはかに④胸騒《むなさわ》ぎしけるほどに、急ぎ家に帰りたれば、母、あり*すがたをつぶさに語り侍り。かくのごとく、指を嚙みたるが、遠きにこたへたるは、一段孝行にして、親子の情深きしるしなり。

（『御伽草子《おとぎぞうし》』）

*纔かに＝少し。　*方に＝強調を表す。　*ありすがた＝ありのまま。

(1) ――線部①と似た表現を、古文中から抜《ぬ》き出しなさい。（3点）
（　　）

記述 (2) ［　］に入る第四句の書き下し文を答えなさい。（3点）
（　　）

記述 (3) ――線部②「かなはず」とあるが、何がかなわないのか。説明しなさい。（8点）
（　　）

記述 (4) ――線部③「みづから指を嚙めり」は、誰《だれ》がどういう理由でしたことか。わかりやすく答えなさい。（8点）
（　　）

難 記述 (5) ――線部④「胸騒ぎ」したのはなぜか。その理由を四十字以内で答えなさい。ただし、句読点等も字数に含《ふく》める。（10点）

〔筑波大附属駒場高－改〕

総合実力テスト 第1回

時間	合格点	得点
50分	80点	点

解答▼別冊21ページ

月　日

1 次の文章を読んで、あとの問いに答えなさい。

市《まち》の博物館へ出かけているエリザベスを車で迎《むか》えに出向いたのは、村役場の職員で郷土民俗《みんぞく》資料館の学芸員をかねている迫田《さこた》であった。エリザベスの到着《とうちゃく》を待っている仁作《じんさく》と、日暮れ前に資料館で落ち合う約束をしていた。仁作は、十日ぶりに戻《もど》ってくるエリザベスのためにコーラを一本買い、資料館へ向かった。エリザベスは無事に到着し、仁作と迫田は資料館の調理場で、迫田の土産《みやげ》の鰻《うなぎ》弁当を食べた。

迫田が帰って独りになると、仁作はいっとき明かりを絞《しぼ》った展示室で過ごした。調理場で栓《せん》を抜《ぬ》いてきたコーラを紙カップに半分ほど注いで、エリザベスの足下の小机に置き、そばのひんやりした床板《ゆかいた》に尖《とが》った尻《しり》を落として、膝小僧《ひざこぞう》を抱いていた。さっき窶《やつ》れて見えるといわれたエリザベスの顔が、うすぼんやりとしか見えないのはむしろさいわいであった。仁作は、迫田のいうように気のせいにしかすぎないのだと思いたかった。けれども、エリザベスが①七十二年ぶりの同窓会に出席してきたというのは、嘘《うそ》ではなかった。

七十二年前といえば昭和二年だが、その年の初めに、エリザベスは大勢の青い目の仲間と一緒《いっしょ》に親善の贈《おく》り物としてⒶこの国へ送られてきたのであった。仲間の総数はおよそ一万二千、そのうち二百二十体がこの県に、三十七体が郡に分けられ、エリザベスとドロシーだけがこの村の二つの小学校に届けられた。それぞれの小学校では、歓迎会《かんげいかい》を催《もよお》して生徒全員に遠来の友を代わる代わる抱かせたが、まるで生きているかのように目を開閉するⓐばかりではなく時には赤子のような声を発したりするので、びっくりして取り落とす者がすくなくなかった。

それ以来、エリザベスはガラスケースで校長室の棚《たな》に飾《かざ》られていたが、アメリカとの戦争が勃発《ぼっぱつ》して、青い目の人形はすべて処分せよという文部省の通達が出された直後から、所在不明になった。ドロシーの方は、村の青年団の手に渡《わた》り、竹槍《たけやり》でさんざんに突《つ》かれたあげく火焙《ひあぶ》りにされたことはわかっている。一緒に海を渡ってきた仲間の大部分はそのとき似たような処分を受けて消滅《しょうめつ》したものと思われるが、エリザベスの場合はまるで消息がわからなかった。

もし、戦後十数年経《た》って、小学校の古校舎の一部が嵐《あらし》で破損して修繕《しゅうぜん》工事がおこなわれなかったら、エリザベスは永久に陽《ひ》の目を見ることがなかっただろう。エリザベスは、その工事のさなかに、二階の裁縫《さいほう》室の天井《てんじょう》裏に横たえられているのが発見された。エリザベスの運命を哀《あわ》れむ者がそこに匿《かくま》ったのだろうが、心当たりを探ってみても誰《だれ》の仕業《しわざ》かはわからなかった。さいわい、ただ埃《ほこり》にまみれているだけで、体にはどこにも傷みがなかった。エリザベスは、服や帽子《ぼうし》を新調するだけで容易に生き返ったが、初めて村にきたころとは世の中がすっかり変わっていて、もはや以前の人気を取り戻すことはできなかった。

それから十年ほどの間、不遇《ふぐう》なエリザベスの身のまわりを最も親身に世話したのは、仁作の女房《にょうぼう》の茅《かや》だったろう。そのころの茅は、一人娘《むすめ》を三つで死なせたⓑばかりで、いささか気弱になってはいたものの、体にはまだのちの死病の兆《きざ》しもなくて、小学校の通いの用務員というあまり楽でもない勤《つと》めを無難にこなしていたのであった。

茅が初めてエリザベスを見たのは、まだ小学生のころで、ガラスケースのなかの愛くるしい顔が眩《まぶ》しくてならなかった。ところが、用務員になって再会してみると、男臭《くさ》い宿直室の床《とこ》の間の隅《すみ》でむき出しのまま足を投げ出し、②帽子をあみだにしてあらぬ方へうっすら頬笑《ほほえ》みかけている。茅は、いじらしくなって、いきなり抱き上げて用務員室へ連れてきてしまった。けれども、どこからも咎《とが》めがこなかった。エリザベスの姿が見えなくなったことにすら誰も気づかずにいるようだった。

茅は、用務員室の戸棚のなかに坐《すわ》らせておいて、折を見ては顔や手足を洗ったり、髪《かみ》を梳《くしけず》ったり、身につけるものを繕《つくろ》ったり手縫《てぬ》いで新調したりした。こっそり家に連れて帰って一緒に湯を使うこともあり、「いい齢《とし》をしてママゴトな。」と亭主《ていしゅ》によく笑われたが、エリザベスの世話をやめる気にはなれなかった。

小学校が火事で丸焼けになったときは、茅はすでに死病に取りつかれⓒて市の病院にいたが、もし村に留《とど》まっていたとしたら、仁作は茅の狂乱《きょうらん》を抑《おさ》え込むのにどんなに手子摺《てこず》ったことか。今度こそエリザベスは一緒に焼けて消滅したにちがいないと思われⓓたが、何日かして、消火の水を吸った襤褸《ぼろ》の山の下敷《したじ》きになっているのを、焼け跡《あと》の整理をしていた教師たちが見付けた。驚《おどろ》いたことに、エリザベスはまたしても無傷であった。早速《さっそく》そのことを市の病院へ報告すると、茅は一瞬《いっしゅん》、苦痛の呻《うめ》きを呑《の》み込んで、

「見なせ。あれほど運の強い子はなかえん。」

と、目を細めて誇《ほこ》らしげに呟《つぶや》いた。

それから間もなく茅は昏睡《こんすい》状態に陥《おちい》って、三日後に息を引き取った。だから、その後、役場に民俗資料館が併設《へいせつ》されて、エリザベスはそこに引き取られて展示されていることも、亭主の仁作が自分の遺志《いし》を引き継《つ》いで、林檎《りんご》作りのかたわら資料館の雑用係りや夜回りをしながらエリザベスを見守りつづけていることも、茅は知らない。

最初は総勢一万二千だった青い目の人形たちのうち、現存が確認されているのは全国でも百九十五体にすぎないという。このたび、市の博物館の呼びかけに応じて参集した東北地方の生き残りは、合わせて三十八体であった。いずれも多難な七十年をしぶとく生き延びてきたつわものばかりだから、さぞかしなにかと気疲《きづか》れのする同窓会であったろう。なにはともあれ、今夜はⒷ故国の音楽でも聴《き》きながらゆっくり休むがいいのである。

仁作は、外の月明かりを映している窓を大きく開け放ってやった。すると、そのとき、エリザベスのまるく見ひらいた目のなかに、ぽっちりとちいさな光が宿るのが見えた。仁作はそれがなんの光かわからぬうちに、子供のころに使い馴《な》れたこのあたりの古い方言で、あ、めちろだ、と呟いた。

めちろは、文字にすれば目露で、□のことだ。

いまのは、確かにめちろだったと仁作は思い、鼻の頭に小皺《こじわ》を寄せてちょっと舌うちしそうになった。それから、うっかりして③めちろなどを見せてしまったエリザベスがどぎまぎしなくて済むように、しばらくの間そちらに背を向けたまま窓辺に立って、森林公園から風に運ばれてくる微《かす》かなトランペットの音色に耳を傾《かたむ》けていた。

（三浦哲郎《みうらてつお》「めちろ」）

(1) ——線部①「七十二年ぶりの同窓会」に出席したのはどのような仲間か。それを表している部分を本文中から二十五字以上三十字以内で抜き出しなさい。(10点)

(2) ――線部Ⓐ・Ⓑの指す国名をそれぞれ答えなさい。(4点×2－8点)

Ⓐ（　　　　）　Ⓑ（　　　　）

(3) ――線部ⓐ・ⓑと同じ用法の「ばかり」をそれぞれ次から選び、記号で答えなさい。(4点×2－8点)

ア この議論はから回りするばかりだ。
イ あの小道を五分ばかり行くと彼《かれ》の家がある。
ウ 泣かんばかりに許しを請《こ》う彼女《かのじょ》。
エ 彼は中学校を卒業したばかりだ。

ⓐ（　　　）　ⓑ（　　　）

(4) ――線部ⓒ・ⓓの助動詞「れ」の意味として最も適切なものをそれぞれ次から選び、記号で答えなさい。(4点×2－8点)

ア 受け身　イ 尊敬　ウ 自発　エ 可能

ⓒ（　　　）　ⓓ（　　　）

(5) ――線部②「帽子をあみだにして」とあるが、前後の文脈から、帽子をどのような状態にしていると想像されるか。最も適切なものを次から選び、記号で答えなさい。(5点)

ア 帽子を目深《まぶか》にかぶっている。
イ 帽子を頭の前方に傾けてかぶっている。
ウ 帽子を頭の後方に傾けてかぶっている。
エ 帽子を顔の上にのせている。

（　　　）

(6) □に入る言葉を答えなさい（平仮名《がな》でもよい）。(6点)

（　　　）

(7) ――線部③について、エリザベスが「めちろなどを見せてしまった」のはなぜか。この小説の内容を踏《ふ》まえて、四十字以上四十五字以内で説明しなさい。(20点)

〔慶應義塾高－改〕

2 次の古文を読んで、あとの問いに答えなさい。

今は昔、①信濃国に筑摩《つくま》の湯といふ所に、よろづの人の浴みける薬湯《くすりゆ》あり。そのわたりなる人の夢に見るやう、「あすの午《*うま》の時に、観音、湯浴み給《たま》ふべし」といふ。「いかやうにてかおはしまさんずる」と問ふに、いらふる様、「とし三十ばかりの男の、ひげ黒きが、*あやゐ笠《がさ》きて、ふし黒なる*やなぐひ、皮まきたる弓持《もち》て、紺《こん》の襖《*あを》きたるが、夏毛の*むかばきはきて、葦毛《あしげ》の馬に乗《のり》てなん来べき。それを観音と知りたてまつるべし」といふと見て②夢さめぬ。

おどろきて、夜明けて、人々に告げまはしければ、人々聞きつぎて、その湯に集まる事、かぎりなし。湯をかへ、めぐりを掃除《さうじ》し、しめを引《ひき》、花香を奉《たてまつ》りて、居集まりて、待奉《まち》る。

やうやう午の時すぎ、未《*ひつじ》になる程《ほど》に、ただこの夢に見えつるに露違《つゆたが》はず見ゆる男の、顔よりはじめ、着たる物、馬、何彼《なにか》にいたるまで、夢に見しに違はず。よろづの人、にはかに立《たち》て、額《ぬか》をつく。この男、大《おほき》に驚《おどろき》て、③ただ拝みに拝みて、その事心もえざりければ、よろづの人に問へども、といふ人なし。僧の有《あり》けるが、手をすりて、額《ひたひ》にあてて拝み入《いり》たるがもとへ寄りて、「こは、いかなる事ぞ。おのれを見て、かやうに拝み給ふは」と、*こなまりたる声にて問ふ。この僧、人の夢に見えけるやうを語る時、この男いふやう、「をのれは、*さいつころ、狩《かり》をして、馬より落《おち》て、右の腕《かひな》をうち折りたれば、それを*ゆでんとて、まうできたるなり」といひて、と行きかう行きする程に、人々、尻《しり》にたちて、拝みののしる。男、*しわびて、「我身《わがみ》は、さは観音にこそありけれ。④ここは法師に成りなん」と思《おもひ》て、弓、やなぐひ、太刀《たち》、刀切《きり》すてて、法師に成りぬ。かくなるを見て、よろづの人、□。

（「宇治拾遺《うじしゅうい》物語」）

*午の時＝正午前後。　*あやゐ笠＝いぐさを編《あ》み、裏に絹《きぬ》をはった笠。
*やなぐひ＝矢を入れて背負う武具。　*襖＝狩衣《かりぎぬ》に裏をつけたもの。
*むかばき＝腰《こし》から下げ、脚《あし》の前部分を覆《おお》うもの。　*未＝午後二時前後。
*こなまりたる声＝少しなまりのある声。　*さいつころ＝先日。
*ゆでん＝湯で治療《ちりょう》しよう。　*しわびて＝困惑《こんわく》して。悩《なや》んで。

(1) ──線部①「信濃国」を、現在の都道府県名で答えなさい。(5点)

（　　　）

(2) ──線部②の「夢」とは、どんな「夢」か。三十字以内で答えなさい。(10点)

(3) ──線部③とあるが、人々が何も言わずに拝んでいるのはなぜか。その理由を四十字以上四十五字以内で答えなさい。(10点)

(4) ──線部④「ここは法師に成りなん」とあるが、なぜこのように考えたのか。その理由として最も適切なものを次から選び、記号で答えなさい。(5点)

ア 僧に説教され行いを悔《く》い改めようと思ったから。
イ 自分のことを観音の化身であるように思ったから。
ウ 腕の怪我《けが》を治すには出家するしかないと思ったから。
エ 狩りでの殺生《せっしょう》の罪が許され往生《おうじょう》できると思ったから。

（　　　）

(5) □に入る内容の現代語訳として最も適切なものを次から選び、記号で答えなさい。(5点)

ア 涙《なみだ》を流して感動した。
イ 湯治場《とうじば》が栄え安心した。
ウ うまく騙《だま》せほくそ笑んだ。
エ 異様な光景にあきれ果てた。

（　　　）

〔成蹊高―改〕

総合実力テスト 第2回

時間	合格点	得点
50分	80点	点

月　日

解答▼別冊23ページ

1 次の文章を読んで、あとの問いに答えなさい。

昔の人の脳と、いまの人の脳は、どう違《ちが》うか。

昔の人の骨と、いまの人の骨、これはどう違うか。私が現物について、いくらか知っているのは、骨のことでしかない。その骨から考えるなら、四、五万年前このかたの人類は、根本的にはいまの人と同じ骨をしている。だから、その頃《ころ》から現代まで、人は同じような脳をしていたに違いない。そういう結論になる。

それ以前の人は、どうか。それなら、人類学でいう旧人、すなわちネアンデルタール人のことになる。これはもう、いまの人とは、骨がはっきり違っている。実際に旧人は、われわれとは、脳がかなり違っていたのではないか。私はそう疑っている。

では、旧人と、いまのわれわれ、すなわち新人は、どこが違うか。最大の違いは、新人におけるシンボル体系の存在と、その豊富さであろう。要するに、お金とかお守りとか、賭《か》け事とかバクチとか、科学とか宗教とか、芸術とか演劇とか、それ自体は実用に役に立たず、約束事で成立するもの、そういうものが、旧人にはあまりなかったと思われる。

われわれが常識としているような種類の言語、これも旧人では欠けていたか、不十分だった可能性が高い。そう私は考えている。①ことばは、シンボル体系の典型だからである。

見てきたわけでもないのに、そんなことが、なぜわかるか。②それは、③それに関する遺物が、旧人の遺跡《いせき》からは出てこないからである。クロマニョン人、すなわち新人になると、突然《とつぜん》、洞窟《どうくつ》の壁画《へきが》が出てきたりする。あんな見事な絵は、私にはとうてい描《か》けない。あるいはお守りらしい、わけのわからぬ細工《さいく》ものが出る。それが旧人だと、石で作った刃物《はもの》の類《たぐい》ばかり。これは[A]性が高い。道具を見るかぎり、ある程度以上古い時代の人たちは、たいへん[A]的だったということになる。

それでは面白《おもしろ》くない。昔の人には、いまの人にない超《ちょう》能力でもなかったのか。それは、さまざまなマンガに描《えが》かれているから、そういうものを見てくだされぱいい。いまの人が超なんとかを好むのは、いつも思うのだが、自然への感受性を失ったからであろう。自然を見ていれば、それ自体がほとんど超能力に見える。よく考えてみれば、不思議なことばかりなのである。もしその具体例を、自分の経験から思いつけないとすれば、あなたはすでに自然への感覚をほとんど失っている。自然がもはや不思議とは思えなくなっているからである。

さてそれが、同じ新人のなかでの昔の人といまの人、そのいちばん大きな違いであろう。自然の[B]と、自然の不在。いまの人はおおかた人工環境《かんきょう》に住む。これはなんでもないようだが、人間の思考をすっかり変えてしまうはずである。そこには自然がない。あるのは、人の作ったものばかり。まわりがすべてそれなら、人はそれだけを考えるようになる。それしか、ない。

そうなると、脳はどうなるか。わが世の春であろう。人工環境とは、脳が作ったものだからである。脳は脳のなかに住む。それ以外のものは、邪魔《じゃま》だ。こうして、われわれ現代人の持つ脳は、脳のなかに置かれた脳、それだけになった。

じつは、④それは、脳だけではない。同じ新人でも、古い骨を見ると、ずいぶんと使い込んであることがわかる。たとえば噛《か》むことに関係する部分は、昔の人では、たいへんよく発達している。それに比べて、現代人はほとんど「家畜《かちく》」といってもいいであろう。固いものなど、子どもの頃から噛まない。

現代人は、水や食物を探しに行く必要はない。ただ冷蔵庫をのぞけばいい。したがって、そういうものの、自然の「ありか」に対する感覚はない。気温は調節されてしまう。だから身体が調節する必要はない。そうした生活でできあがるのが、われわれの脳である。それはきまりきった生活に慣れた、家畜の脳であろう。

人は多くの動物を家畜化した。次はもちろん人間の番である。私は頭骨を二つ、机の上にいつも置いている。一つは野蛮《やばん》人のもので、もう一つは、家畜人のものである。長いあいだ置いておくと、どうしても野蛮人の骨のほうが、骨として見事だという気がしてくる。だから、私が贔屓《ひいき》するのは、野蛮な脳である。私の感覚が、おそらく野蛮なのであろう。

⑤家畜の骨のなかに、野蛮な脳は入らない。脳は身体の一部だからである。脳が脳だけをいじろうとするのが、脳の最大の欠点である。一般《いっぱん》にはそれを、文化とか、教育とか呼ぶのだが。

（養老孟司《ようろうたけし》「脳のシワ」）

(1) 本文には、次の一文が省略されている。どこに補えばよいか。補う箇所《かしょ》の直前の五字を答えなさい。ただし、句読点等は字数に含《ふく》めない。（4点）

それなら、頭の中身もかなり違っていい。

□□□□□

(2) [A]に共通して入る漢字二字の言葉を本文中から抜《ぬ》き出しなさい。（4点）

□□

(3) [B]に入る言葉として最も適切なものを次から選び、記号で答えなさい。（4点）

ア 内在　イ 実在　ウ 存在　エ 介在《かいざい》　（　　）

(4) ――線部①について、どうしてこのように言えるのか。その理由を答えなさい。（10点）

（　　　　）

(5) ――線部②・③「それ」が指している内容を、それぞれ答えなさい。（5点×2―10点）

②（　　　　）

③（　　　　）

(6) ――線部④「それ」が指している内容を答えなさい。（8点）

（　　　　）

(7) ――線部⑤とはどういうことか。三十字以内でわかりやすく答えなさい。（15点）

□□□□□□□□□□□□□□□□□□□□□□□□□□□□□□

（慶應義塾女子高―改）

2 次の詩と鑑賞《かんしょう》文、短歌を読み、あとの問いに答えなさい。（5点×4―20点）

樹木

草野心平《くさのしんぺい》

*嫩葉《わかば》は光りともつれあひ。
くすぐりあひ。
陽《ひ》がかげると不思議がつてきき耳をたて。
そよ風がふけば。
枝々は我慢《がまん》が利《き》かずざわめきたち。
*毛根たちはポンプになり。
駆《か》け足であがり。
枝々にわかれ。
葉つぱは恥《はぢ》も*外聞《がいぶん》もなく裸になり。
*隈《くま》どりの顔で。
歓声《くわんせい》をあげ。

*嫩葉＝若くてやわらかい葉。　*毛根＝ここでは根毛のこと。　*外聞＝世間の評判。
*隈どり＝歌舞伎《かぶき》で、役者の表情を強調するために、顔面を一定の型で着色すること。

> この詩で作者は初夏の樹木の様子を的確に伝えるために、若葉や枝々のありさまを、①人間にたとえて表現しました。外界の風や光の変化に応じてめまぐるしく表情を変える樹木の姿が、まるで無邪気《むじゃき》な子どもがたわむれているかのように表現されています。また、「□」という一行からは、根が吸い上げたものが樹木の内側を流れていく勢いを読みとることができます。
> 終わりの三行で描《えが》かれる若葉は、生命力を一気にはじけさせているかのようです。詩全体を通して、満ちあふれる②樹木の生命力が十分に表現されていると言えるでしょう。

A 植うるとはつまり己《おの》れが樹《き》になるといふことならむ樹を仰《あお》ぎつつ　時田則雄《ときたのりお》

B わかわかしき青葉の色の雨に濡《ぬ》れて色よき見つつ我《わ》れを忘るも　伊藤左千夫《いとうさちお》

C 山の上にたてりて久し吾《われ》もまた一本の木の心地《ここち》するかも　佐佐木信綱《ささきのぶつな》

D 約束のことごとく葉を落とし終え樹は重心を地下に還《かえ》せり　渡辺松男《わたなべまつお》

E 夕靄《ゆうもや》は蒼《あお》く木立《こだち》をつつみたり思へば今日は*やすかりしかな　尾上柴舟《おのえさいしゅう》

F 木琴《もっきん》の音ひびかせて春分の路地きらきらし木の芽のひかり　坪野哲久《つぼのてっきゅう》

*やすかりし＝心が安らかだった。

(1) □に入る適切な一行を、詩の中から抜《ぬ》き出しなさい。

（　　　　）

(2) この詩の表現上の特色として最も適切なものを次から選び、記号で答えなさい。

ア 各行に句点を打つことで、各行の内容は次の行に関連していかないことを表現している。

イ 各行を言い切りの形で結ばないことで、滞《とどこお》ることのない季節の変化を表現している。

ウ 各行を言い切らずに結ぶことで、おさまりきらないほどの勢いを表現している。

エ 各行を聴覚《ちょうかく》に関係する言葉で結ぶことで、心地よいリズム感を生みだしている。

（　　）

(3) ——線部①と同様に、樹木の様子を人間にたとえて表している短歌をA～Fから一つ選び、記号で答えなさい。（　　）

(4) ——線部②とあるが、成長する樹木のみずみずしさを色彩的《しきさい》にとらえ、作者が見とれているさまを表現している短歌をA～Fから一つ選び、記号で答えなさい。（　　）〔福島―改〕

3 **次の文章は、中学三年生の生徒が、「言葉の使い方について」というテーマで発表したスピーチ原稿《げんこう》の一部である。これを読んで、あとの問いに答えなさい。**

私は、言葉の使い方について、次の三つのことを考えました。

まず、敬語についてです。私は先日、先生に「いつ家庭訪問に[A]のですか」と言うべきところを、「いつ家庭訪問に来るの」と言って注意されました。これから進学や就職をする私たちにとって、敬語の正しい使い方を身につけていくことは必要不可決だと思います。

次に、意味の取り違《ちが》えについてです。私は、「情けは人のためならず」という言葉を、「情けをかけることは、その人のためにならない」という意味だと思っていましたが、実はこの言葉は、「人に親切にしておけば、自分にも必ずよい報《むく》いがある」という意味なのです。みなさんも、謝った使い方をしていませんか。この他に「役不足」も、意味を取り違えやすい言葉なので注意する必要があると思います。

最後に、省略語の使用についてです。私は、「メールマガジン」という言葉を「メルマガ」、「通信販売」を「通販」と言うのを耳にしてとまどったことがありました。このような省略語の使用には、長い言葉を短く言い表すことができるという良い点があります。[B]という悪い点もあると思うのです。

普段《ふだん》の生活の中で、つい見落としがちな正しい言葉の使い方について、私は改めて考えていきたいと思います。

(1) 本文中に間違った漢字の使い方をしているところが二箇所《かしょ》ある。それぞれ[例]にならって一字で抜き出し、正しい漢字に直しなさい。（完答5点）

[例] 数学の分野で優《すぐ》れた業積をあげた。（積）→（績）

（　　）→（　　）　（　　）→（　　）

(2) [A]に入る適切な敬語表現を答えなさい。（5点）（　　）

(3) ——線部「役不足」の意味として最も適切なものを次から選び、記号で答えなさい。（5点）

ア 与《あた》えられた役目がその人の力量に比べて軽すぎること。
イ 要求される水準に対してその人の貢献《こうけん》度が低すぎること。
ウ 組織に所属する人数に対して役職が不足していること。
エ その人の能力が与えられた役目に比べて不足していること。

（　　）

(4) 次の注意に従って、[B]に入る内容を答えなさい。（10点）

【注意】
・最初に必ず接続詞を用いて、三十字以内で答えること。
・句読点、かっこなどは、それぞれ一字分をあてること。

〔長崎〕

総合実力テスト 第3回

時間	合格点	得点
40分	80点	点

解答▼別冊23ページ

月　日

1 次の文章は、主人公の三好《みよし》くんと、同級生のブンちゃんのお姉さんとが、二人で会話している場面である。これを読んで、あとの問いに答えなさい。

泣きそうになった、と気づくと、まぶたが急に熱くなって、ほんとうに涙《なみだ》があふれてしまった。顔をほんの少しだけ上げると、不意にまぶしい光を浴びせられた。カメラのフラッシュだった。

「①ごめん、撮っちゃった」

お姉さんはそっけなく言って、「中学生の男子の泣き顔なんて、めったに撮れないし」と、にこりともせずに付け加えた。

「プリントアウトしてあげようか？」

首を横に振《ふ》って、目尻《めじり》に溜《た》まった涙を指ではじくようにぬぐった。

「泣きやんだ？」

今度は、こくんとうなずいた。

「だったら……遊ぼう」

びっくりして顔を上げた。

*『ぐりこ』をしよう——と誘《さそ》われたのだった。じゃんけんで階段を上っていく、アレ。②小学生のころはおなじみの遊びだったが、中学に入ってからは一度もやっていない。

「じゃ、いくよ。じゃんけん、ぽん」

お姉さんがチョキで勝った。「ち、よ、こ、れ、い、と」で六段。次のじゃんけんも、お姉さんが勝った。今度はパー。「ぱ、い、な、つ、ぷ、る」で、さらに六段進む。あいこを挟《はさ》んで、三回目はきみが勝った。グーで勝ったので、「ぐ、り、こ」の三段。「はい、上って」とうながされて三段進むと、お姉さんが言った。

「不公平でしょ、『ぐりこ』って」

「……え？」

「だって、グー、チョキ、パーで進める数が全然違《ちが》うじゃん」

言われてみれば、そのとおりだった。じゃんけんを十回やって五勝五敗でも、その五勝がぜんぶチョキやパーだった場合と、ぜんぶグーだった場合では、進める段の数には倍の差がついてしまう。たとえグーだけで六勝四敗と勝ち越《こ》しても、その四敗がぜんぶチョキやパーだったら、相手のほうが負け越しなのに先にゴールインすることになる。

「だったらグーなんかで勝ちたくないって思うじゃない、誰《だれ》だって」

黙《だま》ってうなずくと、お姉さんもうなずいて、つづけた。

「でもね、グーでしか勝てない子がいるの。じゃんけんが弱くて、たまにしか勝てないのに、勝つときにかぎってグーなの」——きみを指差して、笑う。

確かにそうだ。ほんとうにそうだ。ブンちゃんは、チョキとパーでど*んどん勝って、どんどん階段を上っていく。差は広がる一方で、やがて背中が見えなくなって……。

しゅんとしたきみにかまわず、お姉さんは「はい、つづきやるよ」と目の高さにかざした拳《こぶし》を軽く振った。負け、負け、あいこ、負け、あいこ、負け。お姉さんは、「ち、よ、こ、れ、い、と」の連発で、あっという間に差を大きくつけた。

やっぱりだめだ。なにをやっても、だめなヤツはだめだ。

もうやめたくなったし、また泣きたくなってしまった。

「ねえ、三好くん」

「……はい」

「グー出すの、やめたの？」

見抜《みぬ》かれた。お姉さんの話を聞いてから、チョキとパーを交互《こうご》に出していた。

だって……と言いかけたら、お姉さんはそれをさえぎって、「③似合ってないよ」と思いきりそっけなく言った。

熱くなった。今度はまぶたではなく頬《ほお》が。だって、チョキとパーのほうが得だから——さえぎられた言葉を言い直そうとして、④気づいた。チョキとパーでちっとも勝てない理由は、一つしかなかった。

じゃんけんをつづけた。グーで勝った。その次もグーで勝った。予感が当たった。試しにチョキを出してみると、あいこ。次にパーを出すと負けた。お姉さんは、チョキしか出していない。きみの表情の変化がわかったのだろう。お姉さんは、「……ってこと」と笑いながら言った。

きみは頬を火照《ほて》らせたまま、うなずいた。頬は赤くなっているだろうか。でも、空はもうだいぶ暗くなっているので、お姉さんにはばれないですむだろう。

「ゆっくりでいいじゃん」とお姉さんは言った。「ちょっとずつで」と付け加えて、指をチョキの形にした手のひらをこっちに向けると、チョキがVサインになった。

⑤ゆっくりと、ちょっとずつ、わかった。

「じゃあ、次からはグー、チョキ、パーぜんぶ『あり』でやるからね」

お姉さんが握《にぎ》り拳を頭上に掲《かか》げ、きみも応えて手を高く上げた。

（重松清《しげまつきよし》「ぐりこ」）

*ぐりこ＝階段などでじゃんけんをして勝ったほうが、グーで勝った場合には三歩、チョキまたはパーで勝った場合には六歩ずつ進む遊び。

(1) ——線部①のときのお姉さんの気持ちはどのようなものだったか。最も適切なものを次から選び、記号で答えなさい。（10点）

ア 中学生の泣き顔を写したことに気持ちが高ぶって、それを隠《かく》そうとする気持ち。

イ 中学生にもなって人前で泣く三好くんを不快に思い、突《つ》き放そうとする気持ち。

ウ 急に泣き出してしまった三好くんの気をそらし、落ち着かせようとする気持ち。

エ 三好くんを泣かせたことに罪の意識を覚え、あわててごまかそうとする気持ち。

（　　）

(2) ——線部②を例にならい品詞分解し、それぞれの品詞名を答え、活用のあるものは本文中での活用形も答えなさい。（完答10点）

例

名詞	助詞	形容動詞 連用形	動詞 連用形	助動詞 終止形
桜	が	きれいに	咲《さ》い	た

小学生のころはおなじみの遊びだった

(3) ——線部③とあるが、誰《だれ》の、どんなことが「似合ってない」のか。三十字以内でわかりやすく答えなさい。（15点）

(4) ——線部④とあるが、何に「気づいた」のか。「こと。」につながるように、本文中より二十字以内で抜《ぬ》き出しなさい。(10点)

こと。

(5) ——線部⑤とあるが、「わかった」のはどんなことか。三十字以内でわかりやすく答えなさい。(15点)

〔岩手─改〕

2 次の古文を読んで、あとの問いに答えなさい。

ある*在家人《ざいけにん》、山寺の僧を信じて、*世間・出世深く頼《たの》みて、病《や》む事もあれば薬までも問ひけり。この僧、①医骨も無かりければ、万《よろづ》の病に、「*藤《ふぢ》のこぶを*煎《せん》じて召せ」とぞ教へける。これを信じて用ゐるに、万の病②癒《い》へざる無し。

ある時、馬を失ひて、「いかが仕《つかまつ》るべき」と云《い》へば、例の「藤のこぶを煎じて召せ」と云ふ。③心得がたけれども、*様《やう》ぞあるらんと信じて、④あまりに取り尽《つ》くして近々には無かりければ、山の麓《ふもと》を訪ねける程《ほど》に、谷のほとりにて、失《う》せたる馬を見付けてけり。⑤これも信の致《いた》す所なり。

（「沙石集《しゃせきしゅう》」）

*在家人＝出家せずに普通《ふつう》の生活をしながら仏教を信仰《しんこう》すること。
*世間・出世＝俗《ぞく》世間のことと仏道のこと。
*藤のこぶ＝藤の樹皮にできるこぶの部分。
*煎じて＝（薬草などの）成分を煮出《にだ》して。　*様＝理由。わけ。

(1) ——線部①の「医骨」とはどういう意味か。その続きの「万の病に、『藤のこぶを煎じて召せ』とぞ教へける」から考えて、五字以内で答えなさい。(8点)

(2) ——線部②「癒へざる無し」を現代語訳しなさい。(6点)

（　　　）

(3) ——線部③「心得がたけれども」とあるが、その理由を答えなさい。(10点)

（　　　）

(4) ——線部④「あまりに取り尽くして」とあるが、その理由を四十字以内で答えなさい。(10点)

(5) ——線部⑤で、筆者は何を言いたいのか。最も適切なものを次から選び、記号で答えなさい。(6点)

ア 信心することの大切さ　イ 人を信頼《しんらい》することの重要性
ウ 偶然《ぐうぜん》のもたらす幸運　エ 自信ある行動の必要
オ 専門の医者に対する批判

（　　　）

〔筑波大附属駒馬高─改〕

解答編

第1章 文学的文章の読解

1 小説 ①

StepA 解答 本冊▼2・3ページ

1 (1)イ　(2)鷹小屋から～いだろう」
(3)例夢にまで見た鷹が自分の腕に乗っているから。(21字)
(4)ウ

解説

1 (1)助詞「と」の意味・用法を区別する問題。本文中の「と」は、並立《へいりつ》のはたらきをしている。
(2)「三日前」「思い出す」の表現にそれぞれ着目する。ただし、思い出しているのは、現在であることに注意。回想は「思い出す」の次の文から始まる。回想の終わりにも注意すること。「それだけの会話だったが、いま……迫ってくる。」のは現在。
(3)――線部②の直前の二文に、「一羽の角鷹が、自分の腕に乗っている」とある。その状況が岳央にとってなぜ「歓喜」となるのかを考える。「夢にまで見た」という表現から岳央の心情を読み取る。
(4)イとウで迷うが、直前の「超然」「半ば無視するように」などの表現に注目して考える。

StepB 解答 本冊▼4・5ページ

1 (1)Aウ　Bイ　Cア　Dエ
(2)ⓐカ　ⓑオ　ⓒケ　ⓓイ
(3)例熊にも、し残した仕事があり、二年だけ待ってほしいと言われたことが、不思議だと思ったから。
(4)ア
(5)X火　Y目(眼)

解説

1 (1)直後の動作を詳《くわ》しく説明する言葉を選ぶ。A「落ちて来た」に対応する。B三行後に「ゆっくり歩いて行った」とある。C「もう小十郎がいきなりうしろから鉄砲を射ったり決してしない」ので、意識が薄《うす》らいでいるさまを表す「ぼんやり」がふさわしい。D熊がやって来るかと「心配するようにしていたとき」に「赤黒いものが横になっている」のを見たので、驚《おどろ》いた様子を表す「どきっと」がふさわしい。
(2)ⓐ自立語で活用せず名詞「日」にかかるので、連体詞。ⓑ自立語で活用せず動詞「見(て)」にかかるので、副詞。ⓒ付属語で活用するので、助動詞。ⓓ自立語で活用し、終止形の語末が「い」で終わるので形容詞。
(3)――線部①のあとの「じっと考えて立ってしまいました」に注目し、「小十郎」が考え込《こ》んでしまうような出来事を熊との会話から探す。
(4)小十郎が熊と会話した際に「ほんとうに気の毒だけれどもやっぱり仕方ない」「けれども……おれも死んでもいいような気がするよ」と発言しており、生きるために熊を殺すことをやめたい気持ちを抱《いだ》いているので、アが適切である。イ「他の熊が攻めてくるのではないかと思」ったこと、ウ「自分の家の前」で死んだかどうかを気にしていること、エ「いつもの山の中の状況と違って直視することができな」いことは、それぞれ本文中から読み取れない。

ここに注意

1 (2)品詞分類表をもとに考える。まず、その語だけでは文節をつくれない(意味が不自然になる)場合は付属語、文節をつくれる場合は自立語である。さらに、活用の有無やはたらきにより、助動詞・助詞・用言・体言その他の四つに大きく分けられる。

2 小説 ②

StepA 解答 本冊▼6・7ページ

1 (1)イ
(2)例父親が店を開くために稀覯本『獄記』をもらおうとする自分の意図に、父親が気づいていないから。
(3)ウ

ひっぱると、はずして使えます。

⑷例 十二歳の子供が気づいた稀覯本に、古書店主でありながら気づけなかった気持ち。（37字）

⑸ウ

解説

1 ⑴ポイントは、「目利き」「ほしいままにする」という語句の意味。「目利き」＝書画骨董《こっとう》などの鑑定《かんてい》能力にすぐれていること。「ほしいままにする」＝自分の思うようにするさま。

⑵直前の「誰のためにこれを自分のものにしようとしているかわかってるのかなあ」から考える。「誰のため」→父親の（店の開業資金にする）ため、「わかってるのかなあ」→父親が自分の意図をわかっているのかということ。

⑶瀬名垣の揺《ゆ》れる心情をおさえ、左の前者を「誇り」と表現していることをとらえる。

> ・自分の本を見る力を翁に認めてもらいたい。
> ↔
> ・せっかくもらえると言われた『獄記』を取り返されてしまうのではないか。

⑷――線部④の「あんたも」の「も」に着目。真志喜の父の気持ちが、瀬名垣の父ならわかるだろうということ。続く翁の言葉から、何が「わかる」のかをとらえる。

⑸「ひたと見据えた」「まじまじと見つめた」「つい と表に出ていった」など、擬態語が散見される。

Step B 解答

本冊▼8～11ページ

1 ⑴ウ　⑵イ　⑶エ　⑷ア

2 ⑴例 自分の限界を感じ惨めさを味わっているうえに、律への嫉妬など重い感情が溜まっていくから。（43字）

⑵例 甲子園出場を現実の目標として捉え、一生懸命練習しているところ。（31字）

⑶例 野球をあきらめることなく、もう一度やり直してみようという気持ち。（32字）

解説

1 ⑴最初の空欄《くうらん》からはイ・ウが候補となり、あとの空欄からウに限定できる。「淡々と」＝人柄《ひとがら》がさっぱりとしているさま。

⑵「真由子」のことが気がかりな状態であったのだから、イ・ウが候補となる。母の言葉「そんなに驚くことないでしょ」が「真由子かと思って……母とは思わなかった」と合うので、イを選択《せんたく》する。

⑶「私」がコーヒーを淹れるようになったのは中学生になってからのこと。回想シーンは小学生のころのことなので、エの『杏』が二人分のコーヒーを淹れる様子」が適切でない。

⑷消去法で考える。イ「天衣無縫」＝性格が無邪《むじゃ》気《き》で飾《かざ》り気がないこと。→「真由子」のことを気に病んでおり、あてはまらない。ウ・エ「大人ぶって」「涙もろい」→直接本文では描写《びょうしゃ》されていない。

2 ⑴真郷が野球部を退部しようとした主な理由は二つ。

・自分の限界を知覚することの恐怖と惨めさ
・律に嫉妬している自分が嫌だった。

つまり、「真郷」は「自分の限界」と「嫉妬心からくる自己嫌悪」で退部を決意したのである。また、――線部①の「しがみつくのは、もうおしまい」という表現もヒント。

⑵「真郷」は自己嫌悪に陥《おちい》り逃げ出そうとしている自分と、甲子園出場を現実的な目標としてとらえ、いつものように練習に励《はげ》む「律」を比べて「奥歯をかみしめ」ており、律のひたむきな姿に心を動かされているのである。

⑶律の野球に対する真摯《しんし》な態度に、今日限りで野球をやめるつもりだった真郷の気持ちが変化しているのである。

> **ここに注意**
>
> **2** いずれも字数制限のある設問である。この種の問題では、字数に留意するとともに、解答形式、解答の書き方も意識したい。
>
> ⑴「なぜか」→「○○○から。」
> ⑵「どんなところに」→「○○○ところ。」
> ⑶「どんな気持ち」→「○○○という気持ち。」
>
> 　このように、解答形式は設問文から読み取ることができる。設問文をよく読み、解答形式を決定することが最初の作業であることをしっかり理解する。

3 小説③

本冊▼12・13ページ

StepA 解答

1 (1)Ⓓ　(2)ウ
(3)例子供を抱いて触れ合う愛情表現。
(4)①例父が幼い私を見ていたのかもしれない
②ウ

解説

1 (1)Ⓔ「ただ」＝副詞、Ⓐ「それ」＝名詞、Ⓑ「だが」＝接続詞、Ⓒ「先日」＝名詞、Ⓓ「ちょうど」＝副詞。

(3)「そういう」が「父は私を抱いた」を指していることをおさえる。直後に「私が私の娘を抱いていたように」とあるので、親が子を抱いて愛情を示すということを一般《いっぱん》化する。

(4)①――線部ⓒの直後の「私の思いはさまざまに広がった」に着目し、まず「私の思い」の内容を考える。そのうえで、二つあとの段落の「そうした思い」の指す内容をおさえる。

②全体の文脈を考える。

・父は子供に触れて愛情を示すことはなかった。

↓

・死の直前に父が好きな句として挙げようとしながらそのままになっていた句を、その前書きとともに発見した。

↓

・「どきっとした」「私の思いはさまざまに広がった」

↓

・久保田万太郎が、自分の子供が無邪気《むじゃき》に遊ぶ姿に喜びよりも哀しみを覚えるように、（父もまた）「幼い私を眺めていた」ようである。つまり直接的な愛情表現を示すことのなかった父が、私に対して心の中では複雑な愛情を持っていたらしいことに「私」は気づいたのである。

以上の考察から、解答は**ウ**となる。

StepB 解答

本冊▼14～17ページ

1 (1)エ　(2)ウ　(3)ア
(4)オ　(5)ウ

解説

1 (1)理由となる直接の出来事は、――線部①の直前の「へいぜい自分の使っている茶碗《ちゃわん》で頻《しき》りに茶を飲む折田」を見たことで、それについて堯はあとで「君は肺病の……僕はそう思う」と語っている。「肺病の茶碗を使う」ことに対し「平気なんだったら衛生の観念が乏しい」、また「友達甲斐にこらえているんだったら子供みたいな感傷主義に過ぎない」と二点を指摘しているので**エ**が適切。

(2)**ア**は「短い言葉で会話をテンポよくどんどんと重ねることができる」が誤り。堯の発言は長く、折田はそれにテンポよく返事をすることができていない。**イ**は「幾度か沈黙があってもすぐに別の話題に転換して話が盛り上がる」が誤り。堯の「君は肺病の……」の発言のあと「帰らない積りだ」まで、間に沈黙を挟みつつ話題が繋《つな》がっており、話が盛り上がっている様子もない。**エ**は「何一つ嫌な反応を見せない」が誤り。「折田はぎろと堯の目を見返し」など、堯をにらみつける反応がみられる。**オ**は「堯の帰省のために折田が前もって準備をしている」が、堯に乗車割引券を渡した程度なので、「準備」というほどでもないため誤り。

(3)――線部②の前の内容と、母の幻覚については、本文冒頭《ぼうとう》の場面でも母を思い出していたことをおさえる。手紙が来たことで幻覚はやんでいるので、**イ・ウ・オ**は誤り。**エ**は「『津枝』が訪問していたことがわかり」が誤り。「津枝」は「正月上京なさる」と手紙にあり、堯が散歩に出たのは「歳暮の町」なので、この時点ではまだ訪ねていない。

(4)「彼の満たされない願望」とは、堯が夕日を見たくても見られないというもの。堯は「大きな落日が見たい」と思い町を探し回ったが「遠い地平へ落ちてゆく太陽の隠された姿」しか見られなかったことから、**オ**が適切。

(5)**ウ**の「堯の人生には幸福な時期などはなかった」が誤り。「津枝」について「堯にはその人に兄のような思慕を持っていた時代があった」ともある。恋しく思っていた人がいたので、幸福ではなかったとは言い切れない。

4 随筆①

本冊▼18・19ページ

StepA 解答

1 (1)例ヒグマの生活環境を荒らしていること。(18字)

(2)食物連鎖
(3)イ
(4)例あえて言ったり、議論したりする必要がないほど当然である（こと）。
(5)例人間を排除することなく、そこで人間も生きられるような空間。（29字）

解説

1 (1)「彼ら」＝ヒグマであることをおさえ、この場合の「犯す」の意味を考える。具体的には前の段落で説明されている。
(2)直後の「あらゆる生物……食べて生き延びている」と字数指定（四字）がヒントになる。
(3)文脈からは判断がつきにくいが、「かまびすしい」＝（声や音が）やかましい、騒《さわ》がしいという意味。
(4)「言《げん》を待（俟《ま》）たない」「論を待（俟）たない」などの表現で、あえて言う必要がないほど当たり前で正しい事柄《ことがら》（内容）であることを意味する。
(5)筆者が繰《く》り返し強調している内容に注目する。
・人間と野生のヒグマが共存する奇跡的な空間。
・生態系の中に人間が見事に位置づけられている。
・人間が生きられる生態系でなければならない。
設問の指示に「本文中の言葉を用いて」とあり、同内容でまとめやすい表現に着目する。

Step B 解答

本冊▼20〜23ページ

1 (1)イ (2)ア (3)C 肯定 D 否定
(4)例余分なものがすべて文化というわけではないだろう（23字）
(5)反省を私にもたらす世界（11字）
（別解）こうした反省を私にもたらす世界（15字）
(6)例日本という限られた世界しか知らない、考えや知識の狭い人間であること。
(7)エ

2 (1)例炭をつぎたした。（8字）
(2)ウ
(3)例雪景色や炉の炭をめぐって、利休と宗及の心がぴたりとふれ合うことができたから。（38字）
(4)エ
(5)茶の湯とは〜かりのもの

解説

1 (1)直前の「どうしてもそこへ我が身を置いてみたくなる。」がヒント。
(2)それぞれ空欄《くうらん》を挟《はさ》んだ前後の文の関係を検討する。Aは逆接の関係、Bは添加《てんか》（累加《るいか》）の関係となっていることをおさえる。
(3)前段落からの文脈を理解すること。前段落では何もない砂漠を肯定的《こうてい》にとらえているが、C・Dを含《ふく》む段落では前段落を受け、「しかし」で始まっていることに注目する。
(4)Eを含む一文を前後で分けて考える。
前半→余分なものこそ文化にはちがいない
さりとて＝だからと言って
後半→前半とは反対の内容
となっていることをおさえ、続く一文をヒントにしてまとめる。
(5)「鏡」の比喩《ひゆ》的な意味を考える。鏡は自分の姿を映すものであるが、筆者は「砂漠は現代の文明社会に生きる人びとにとって」「鏡」だと言っている。つまり、砂漠はわれわれ現代人には見えにくい、現代社会の姿を映す「鏡」のようなものだと主張しているのである。
(6)前提として「井の中の蛙」ということわざの知識が必要となる。「井の中の蛙大海を知らず」＝自分の狭《せま》い知識や考えにとらわれ、広いほかの世界があることを知らないでいるさまのこと。このことを踏《ふ》まえて、どのような人間であることをたとえているのかをまとめる。
(7)最後から二つ目の段落の一文に注目して考える。

2 (1)「かやうの客」＝「このような客」が宗及を指すことをおさえ、宗及の行動を書けばよい。利休のつぶやきを耳にした宗及は利休が席を外しているとき、水をかえることを考え、気を利《き》かせて炭をつぎたしたのである。
(3)利休の「満ち足りた思い」の内容を考えてまとめる。おさえる点は二つ。
・雪景色がおもしろいからと言って宗及がふらりと訪ねてきてくれた。
・自分（利休）のつぶやきに宗及がさり気なくこたえた（炭をつぎたした）こと。
筆者はこのようなあうんの呼吸で心が結ばれる時を、「忘れがたい瞬間」としているのである。
(4)利休の逸話《いつわ》と芭蕉の句の共通点を考える。その際、芭蕉の句に関する注（＊）を見落とさないこと。ここから、利休の逸話と芭蕉の句の共通点は

「友とかけがえのない時を共有したこと」であることがわかる。
(5)茶の湯とは何であるかということが直接的に表現されている、最終段落冒頭《ぼうとう》の一文に注目する。

5 随筆②

Step A 解答 本冊▼24・25ページ

1 (1)A エ　B ア
(2)例 三つくらいのころ、花火の音のすさまじさに足がすくみ、動けなくなるほどの恐怖感を身にしみて覚えた（こと。）(47字)
(3)例 花火の美しい光をずっと楽しんでいたいのに、すぐに消えてしまうから。(33字)
(4)ウ

解説

1 (1)文脈から入るべき慣用的表現を判断する。
「足の踏み場もない」＝ものがたくさん散らばっていて、入る場所もない。
「知るよしもない」＝知るための手段がないこと。
(2)第三段落「三つくらいのころに」以下の内容を、指示された字数でまとめる。
(3)――線部②のあとの「どれも惜しくて引き止めておきたいのに……光は消えている」の内容をまとめる。
(4)消去法で判断する。ア「比喩表現」、イ「色彩の豊かな描写」は、いずれも使われている。

Step B 解答 本冊▼26～29ページ

1 (1)足手
(2)牧歌的、暢気なもの（9字）
(3)例 その木の、毎年野焼に遭う運命でありながら生き続けるけなげさや、雄々しさが、胸に迫ってきたから。
(4)例 言葉の表面的な意味をとらえがちな俳人とは異なり、久住の野焼は、言葉と生活が深く結び付いたもので、筆者がそこに美を見出したということ。（66字）

2 (1)イ
(2)例 年をとった老婆が運試しをしただけでなく、失敗したあとにずるをしてまで願いをかなえようとしたから。（48字）
(3)ウ
(4)例 老婆のずるを背後から観察していた後ろめたさと、それを気付かれ、老婆に気まずい思いをさせたことを気の毒に思ったから。（57字）

解説

1 (2)『作業』といったのは、」で始まる段落に注目する。
(3)――線部②の前にある「その木」がおかれている状況を読み取る。
(4)文章全体を通して筆者が何に感動しているかをおさえたい。本文後半に「野焼は生きるための大事な農作業、そのことが、逆に私の胸を打ちました」とある。そして「生きるための大事な農作業」がなぜ「私の胸を打」ったのかを考えることが解答への手順となる。その際、その一つ前の段落にある「われわれ俳人は、野焼をどこかで牧歌的、暢気なものとしてとらえています」という考えと、久住の人々にとって、野焼がもつ意味との比較《ひかく》で書くと、まとめやすい。

2 (1)――線部①直前の「寂しさ」に着目する。「寂しさ」の具体的な内容は前段落「今は邪魔物にされ」などからわかるので、その点と比較して「賑わしさ」の内容をとらえる。
(2)三つ前の段落中の「この老婆が、と思うと、私は微笑したくなった」に注目する。老婆が運試しをしていただけでもおかしくて「微笑し」ていた「私」が、さらにずるまで目撃《もくげき》して、「吹き出してしまった」のである。
(3)まずは老婆が何をしたかをおさえる。ずるをしたあと、「老婆は振り返って私を見た」のである。ずるをしたところを「私」に見られた老婆の心情を想像する。
(4)「しては悪いような気」がしたのは老婆に対してであるが、直前の「微笑したいような」に注目して解答する。まず「微笑」の内容を最終段落をヒントに考える。なぜ「私」は「微笑したい」と思ったのだろう。それは、相当高齢《こうれい》だと思われる老婆が、その年になってなお、ずるをしてまで運試しをしようとしていたからである。同時に、「しては悪いような気」になったのは、「私」が「老婆」がずるをしているところを盗み見たことを後ろめたく思っているとともに、「作り笑いをする」老婆を気の毒に思っているからである。

ここに注意
1・2ともに本格的な記述を含《ふく》む問題である。記述問題では、設問をよく読み、出題意図を十分理解すること。設問自体にヒントが含まれていることも多い。

6 融合問題

Step A 解答

本冊▼30・31ページ

1 (1)ウ　(2)地域も　(3)イ
(4)例自然のきびしさとひとり闘い、冬を越した自負にかがやくような生き生きとした様子。(39字)

解説

1 (1)アは「紅葉」とあるので除外。イ・ウで迷うが、「氷うちとけ」が決め手となる。
(2)「も」は副助詞でいくつか用法があるが、用法によっては主語を表す場合がある。「雪が」は「ある」と主語述語の関係であることに注意。
(3)――線部③直後の「芽吹いているものを思うと」に着目。
(4)筆者の感動の中心をおさえる。第六段落と第八段落の内容に注目できるかがカギとなる。

Step B 解答

本冊▼32～35ページ

1 (1)ウ
(2)例・中根が欲ぶかな人間だとは思えないから。
例・欲の深い人間が剛い人間とはいえないことがわからないから。
(3)理非の弁えもなく、人に克とうとする私心(19字)
(4)①孔子　②中根あり　③剛なるを得ん

2 (1)エ
(2)①イ　②ウ　③エ

解説

1 (1)中根は議論になると先輩だろうとなんだろうと遠慮はしないという点に注目する。
(2)孔子の発言に対する門人たちの反応に注目。「また」の前後で、理由がひとつずつ書かれている。
(3)「欲」に関する孔子の発言に注目する。
(4)①「論語」では、「子」は「孔子」を指すことが多い。
②「曰ハク……ト」が漢文における会話文のパターン。
③レ点は、一字だけ上に返って読む。

2 (1)ア「それでも強く望めば」以下が本文にはない。イ「冬ごもり」の解釈《かいしゃく》が本文とは異なる。また、この歌は額田王が詠《よ》んだ歌であることから、イ「人々の……気持ち」やウ「人々の感動」とまでは言い切れない。
(2)短歌の中のどの言葉の様子を表す擬態語なのかに注目する。①は「露」の様子を表すので、雨などが静かに降る様子を表す「しとしとと」が、②は「砂」の様子を表すので、乾燥《かんそう》した軽くて小さいものがふれ合う様子を表す「さらさらと」が、③は「夕べ」すなわち夕方の様子を表すので、真っ赤な様子を表す「あかあかと」がそれぞれふさわしい。

Step C 解答

本冊▼36～41ページ

1 (1)A虫　B根
(2)オ
(3)オ
(4)ウ
(5)ウ
(6)エ

2 (1)例人間の知性とは、人工知能がすでに人間を上回っているような分野とは異なるものであるにも関わらず、人間の知性と人工知能の能力が同じ分野のものであるかのように考え、比較してしまうから。
(2)例痛みを感じた経験があるからこそ、相手になじられたときに大切な人が傷ついていると思える人間の口から自然と出てくることば。
(3)例他者からの評価に影響されず、独自の価値観をもって迷うことなく自分が信じる道を進んでいくことができるような、周囲の予想を超えていく人間。

解説

1 (2)あとに「諍《いさか》いの原因」として、「文」の「涙がこぼれそうに」なるまでの詳細《しょうさい》が書かれている。善吉が出ていったあとに「文」が「言いすぎたのかもしれない」と反省しつつ「自分にはこういうふうにしか出来ないのだ」とも思っていたとあり、これがオの後半部分と合う。

(3)同じ段落に、「新しい家を造った費用を補塡するために……頒布会は色の鮮やかさで評判もよく収入にもなった」とあることから、オが適切。アとイは「自身の進歩のなさ」が合わない。次の段落に「自分の進歩の遅れ」について書いてあるが、これは「リーチ」と「柳宗悦《やなぎむねよし》」を意識した際のことであり、――線部②と直接の関係はない。

(4)直前にある、「この迷い」の内容がポイント。その前に「リーチが柳の運動に参加するとなると、自分が間違っているのかもしれないという迷いも生れた」とあるので、ウが適切。

(5)直後に「罵っている相手が文なのか自分なのか、あるいは自分達《たち》が陥っている状況なのか分らなくなっていた」とあるので、怒りが「自分」だけでなく「文」や「陥っている状況」にも向いているので、それをとらえたウが適切。

(6)――線部とエは限定を表す。アは程度を表す。イは「ある動作がもうすぐ実行されること」を表す。ウは「ばかりに」の形で「それだけの原因で、事態が悪くなる」ことを表す。オは「物事の直後」を表す。

2 (1)――線部①の疑問を受けた筆者が、人間がもつ知性をどのようにとらえているかに注目する。人間を上回る情報処理の速さや正確さをもつ人工知能について触《ふ》れたあとで、筆者の息子のエピソードを取り上げ、人間がもつ知性は、人工知能が得意とするような分野のものとは異なるものであることを述べている。そこから、そもそもその違《ちが》いがとらえられていないという筆者の主張をおさえる。

(2)――線部②に「人工知能には、生み出せない」とあるため、人間が生み出すことばに着目する。本文を通して、人工知能と筆者の息子が対照的に述べられていることも踏《ふ》まえ、ここでは特に筆者とのやり取りが具体的に書かれている、「息子が14歳のとき。ある雑誌の……をはるかに超えた化学反応である。」の内容をまとめる。また、「痛みがない人工知能には、生み出せない」ともあることから、筆者の息子が幼い頃に、筆者である母からなじられ、傷ついた経験から生み出されたことばであることもおさえる。

(3)――線部③の「若者」とは、その直前まで述べられている筆者の息子であることをおさえ、「彼は彼の道を行く」「はみ出す存在」「他者の評価で生きたことがない」などの特徴《とくちょう》を表すような表現を踏まえて考える。また、――線部③における「王道」が、ほかと比較《ひかく》されるなど、他者からの評価に基《もと》づくものを表していることも踏まえ、筆者の息子が、そういったことにはとらわれないような価値観をもって生きているという点を中心に解答する。

7 論説文①

本冊▼42・43ページ

Step A 解答

1 (1)大事な～ること(49字)
(2)エ
(3)エ
(4)例自分のつくり出した機械に仕事を奪われる(19字)

解説

1 (1)――線部①はコンピューターの出現によってゆらいだという文脈である。――線部①と解答は、それぞれ「記憶」=「大事なことを覚えておいて」、「再生」=「必要なときに、思い出し、引き出してくる」、「人間的価値」=「ただ人間のみできること」という形で言葉が対応している。

(3)直後の「人間とは、なんなのか……コンピューターにかなわない」に注目する。アは「さらに人間の記憶力を高める必要が出てきた」が本文中にない。イは「記憶再生の機能が人間の能力を超えそうなところまできてしまった」が誤り。ウは人間が「コンピューターにはかなわない」ことの例外として「電源」以外にも「どこへでも自分の足で移動できるという点」も挙げられている。

(4)空欄《くうらん》の直後「歴史をくりかえしてきた」に注目し、前の段落の「機械が人間を排除するのは歴史の必然」を読み取る。空欄の直前の「人間は」に合うように書き換《か》えると「(人間は)機械に排除される(歴史をくりかえしてきた)」となるが、これでは説明不足である。空欄のあとに「これまでの歴史でもっとも顕著な事例は、産業革命である」とあり、それが次の段落で「機械に仕事を奪われた人間」とまとめられているので、この内容を用いて「排除される」をより具体的に説明する。

Step B 解答

本冊▼44・45ページ

1
(1) A ウ　B エ　C ア
(2) イ
(3) 一体感（3字）
(4) イ
(5) ウ

解説

1 (2)直後の「浮いている……抱えている」で述べられている内容に合うものを選ぶ。

(3)——線部②は「デモ」においてもたらされるものなので、「デモ」と同じ側面を持つものとして先に挙げられていた「スクランブル交差点でのハイタッチ」に注目する。それを見て筆者が「一体感に飢えているのだろう」と述べていることから、「スクランブル交差点でのハイタッチ」と同じく「デモ」が「一体感」をもたらすということをおさえる。

(4)直前に「孤独を癒す居場所を求めて、つまり」とあるので、「他者から認められたいという欲」を表す「承認欲求」がふさわしい。

(5)「『本当の自分』を感じとっている者」は、前で述べられているように、「デモ」に参加するようになった者である。(2)や(3)で触《ふ》れたように「スクランブル交差点でのハイタッチ」や「デモ」に参加する者は、普段《ふだん》「所属する場はあっても、そこに過不足なく自分が収まっていると思えない」（——線部①）ため、「まわりに同調しなくても理解し合えるのだという、共同性の感覚」（——線部②）すなわち「一体感」を求めている、というのがこの文章の要旨である。

8 論説文②

Step A 解答

本冊▼46・47ページ

1
(1) ウ
(2) イ
(3) 共生・征服（順不同）
(4) 例 対象が日常的に接するもので、研究費をあまりかけずに体を使ってデータを集めることができ、誰でも気軽に参加できるところ。（58字）

解説

1 (1) A と同じ段落の初めに「科学が終焉するとは思ってはいない」とあるのに注目する。さらに、続く段落の初めに「科学の新しい芽生えを期待する方向がある」とあるので、A にはこれに対応する表現が入る。

(3)第四段落から「科学」と「自然」に関する記述が始まることに着目する。

(4)筆者が主張する三つの「等身大」をまとめながら解答する。

〔筆者の主張〕
- 日常的な対象（等身大の対象や現象）
- 体を使ったデータ収集（等身大の研究費）
- 誰でも参加できる（等身大の取り組み）

「生態系の観察」「環境調査」は筆者が主張する三つの「等身大」の具体例であるから、三つの「等身大」をまとめることが解答となる。

Step B 解答

本冊▼48～51ページ

1
(1) 例 同時期にお互いの姿を変化させ、双方が利益を得るように進化する（30字）
(2) 例 人間は自然と共進化の関係にあるが、自然には人の知恵では予想もできないつながりがまだあるかもしれないので、慎重な行動が必要であるということ。（69字）

2
(1) エ
(2) 例 社会が随分と平等になった（こと。）（12字）
(3) ウ
(4) 個人消費（4字）（と）景気（2字）（との関係）（順不同）
(5) 例 必要な物を手に入れることによって欲望が満たされ、もう要らないと思うようになる（ということ。）（38字）
(6) ウ

解説

1 (1)――線部のあとの段落に「たとえば」として共進化の具体例（ランとハチドリ）があり、段落末に「示し合わせたように……利益を得るようにしたのだ」とある。キーワードは「共に姿を変える」「共に利益を得る」である。

(2)本文では「共進化」の意義についての記述が全体を占め、その効用を主張するが、最後から二段落目で「ただ気をつけないといけないのは」として問題点を指摘《してき》している。これを受け、最終段落で「慎重さが要求される」と結論づけている。よって、これら二つの段落を中心にまとめるとよい。

2 (1)あとの「その成果が……大変よく見えるようになってきました」から始まる段落に注目する。**ア**は「格差が広がる」が誤り。**イ**は「物資が大都市だけでなく、地方まで広く行き渡る」が述べられていない。**ウ**は全体的に本文と合わない。「耐久消費財」については「買うことが当たり前になり、生活は飛躍的に快適で豊かなもの」となったとある。

(3)――線部③と同様の表現として、あとに「人々の欲望の限度を取り払って、『もう要らないよ』という風には決して思わせない、という戦略」とあるので、その内容も踏《ふ》まえて合うものを選ぶ。

(4)同じ段落の「個人消費が旺盛なので景気が良い」と「個人消費が低調なので景気が低迷している」に共通する言葉に注目。これらの直後、「つまり」という言い換《か》えの接続語を挟《はさ》んで「『普通の人たち』がどれくらい消費をするのか」＝「個人消費」が、「経済全体が上手く回るかどうか」＝「景気」を左右すると説明されている。

(5)キーワードに注目すると、同じ段落の末尾《まつび》に「必要な物が行き渡ってしまえば、『もう要らないよ』ということになる」と述べられている。「欲望」についてはその前に「人の欲望には限度が本来はあるはず」とあるので、先の二つのキーワードの間をつなぐように書き入れて文を作る。

(6)直前に「ここからわかるのは」とあるので、指示語に注目し、さらに前の内容をおさえる。

9 論説文③

Step A 解答

本冊▼52・53ページ

1 (1)例創造性は、一握りの芸術家や才能に溢れた人だけのもので、平凡な人間にとっては縁のないものと思っている人が少なくないから。（59字）

(2)創造性とはすべての生命が等しく持っている性質である（こと）（25字）

(3)ウ

(4)ア

解説

1 (1)――線部①の次の段落の冒頭《ぼうとう》に、三文でその理由が説明されている。

(2)内容的には前の段落全体を指すが、端的《たんてき》に表現された部分を制限字数に合わせて抜き出すとよい。

(3)助動詞「れる」は、①受け身、②尊敬、③自発、④可能 の意味を持つ。――線部③は「受け身」。**ア**「自発」、**イ**「可能」。

(4)――線部④の直前の「こういった」は、前の段落の生命の劇的な進化の内容を指す。それを受け、次の段落には、その進化を「まさに生命そのものが創造性と切り離すことができないものなのである」とあることから選択肢《せんたくし》を判断する。

ここに注意

1 (1)――線部①の直後に理由を説明している文章が続いているので、その部分をまとめればよい。字数に注意し、特に指示がない場合は、句読点を含《ふく》めて答えること。

Step B 解答

本冊▼54～57ページ

1 (1)Aウ　Bア　Cカ

(2)(日)進月歩

例毎日、毎月のように絶えず進歩すること。

(3)例・生物の根本的なメカニズムをコントロールする医療技術の発達。

例・コンピューターとネットワーク技術の発達。

(4)子供は

(5)ウ

(6)例個人の生きる意味の喪失。

2 例（日本人の）最終的には、自然が全て解決してくれるだろうという楽観的な傾向。（31字）

解説

1 (1) [A]直後の「研究・開発も進んでいる」の「も」に着目する。「添加《てんか》（累加《るいか》）」の接続詞が入る。[B]は前の「脳化」を受け、その内容をあとで説明している。[C]は前後の内容が逆接の関係になっている。

(3)第三段落に「もう一つの技術に」とあることから、二つの技術を指すことをおさえ、それぞれのキーワードを抜き出す。最初の段落で高度に進歩する二種類の医療技術について説明し、その目的は「生物の根本的メカニズムをコントロールする」ことにあると述べている。また、第三段落で「もう一つの技術」として「コンピューターとネットワーク技術」を指摘している。

(4)家族が持つ役割の歴史については、第六段落で述べている。——線部②の「子は親の背を見て育つ」が「子供は……見て、真似て」と同じである。

(5)社会文明の変化による家族が持つ役割の変化についての内容を受け、本段落では、かつては持っていた家族の役割について述べている。そして——線部③の「そういう」は前文の「感染症が蔓延……遭遇するかもしれない」を指す。また——線部③のあとに「生存が医療技術……損なわせないか」とある。以上から選択肢《せんたくし》を検討する。

(6)前文の「喪失」（失うこと）がヒント。それまでの内容から、何の「喪失」かをとらえる。

2 この文章は「いい加減」という言葉が「関連が見いだせそうにない」三つの意味を持つことを例に挙げ、その理由とされる、日本人の心の底にある「日本的自然主義」について論じたものである。

——線部「日本人の心性」に注目すると、前後に「この言葉こそ……日本人独特の表現であり、日本人の心性をこの上なく雄弁に語っている興味深い日常語」とある。「この言葉」とは前段落の内容から「いい加減」のことである。したがって、この文章の主旨である「日本的自然主義」＝「日本人の心性」を説明している箇所《かしょ》を読み解いて解答を作る。

具体的には、最後から数えて四番目の段落にある「自然に頼り切った楽観主義」や「自然に任せておけば……という自然主義、自然信頼」を参考にするとよい。最初から七番目の段落にある「最初から……それが日本的自然主義の正体」は、「すべり止め」という比喩《ひゆ》的な言葉があるのでそのまま解答に使うことはできないが、「最初から自然に随《したが》えばいいということではない」という部分が「いい加減」の第二の意味に関連する。また、最後から五番目の段落にある「最終的には自然に任せておけばどうにかなるという日本人の楽天的な人生態度」という部分が、同じ内容かつ短くまとまった表現になっている。

10 論説文④

Step A 解答

本冊▼58・59ページ

1 (1)例感情を分類し、自分と世界を関係づけ、その関係を理解させる役割。（31字）
(2)ア
(3)ウ

解説

1 (1)具体的に三つの感情（「怒り」「あせり」「嫉妬」）を挙げて名前を付ける意義を説明している。そして段落[3]の最後に具体例のまとめとして、「感情に与えられた……手立てとなる」とあるので、これを中心にすえてまとめる。

(2)段落[5]の冒頭《ぼうとう》の「ただし」に着目する。「ただし」は「補足的な説明」の接続語。段落[4]までの内容を補足している。よって、選択肢イ〜エの「確認」「まとめ」「否定」は該当《がいとう》しない。

(3)アは「必要のないもの」、イは「情報の速やかな伝達」、エは「心を共有する唯一の手段」がそれぞれ誤り。

Step B 解答

本冊▼60〜63ページ

1 (1)ア (2)A オ B 翻訳
(3)ウ
(4)a イ b カ c ウ d オ

2 (1)A 発音体感 B 情景 C 感性情報
(2)エ
(3)ⓑイ ⓒア
(4)X エ Y ウ
(5)例どれも五十音図のア段にあり、開放感のある音である（ということ。）（24字）
(6)A 情感 B ことばと情景の感性リンクが成立 C 風土 D 意識

解説

1 (2)[A]は、ここで話題が変わっている。[B]は、次の段落にある「翻訳不可能」に着目。
(3)物音や動物の鳴き声を含《ふく》まないものを選択する。「にやにや」は表情、つまり態度を表す。
(4)それぞれの言葉で例文が作れるかがカギとなる。a さめざめと泣いた、b 緊張《きんちょう》で手がじっとりと汗《あせ》ばんだ、c ぴちゃぴちゃと水が跳《は》ねる、d びしょびしょにぬれる。

2
(1)――線部①に続く三つの段落に着目。直後の段落は母親が感じる内容。そのあとの二つの段落は赤ちゃんが受けとる事柄《ことがら》であることをおさえて解答する。
(2)――線部ⓐの「ある」は存在を表す本動詞。**ア**は連体詞、**イ・ウ**は補助動詞。
(4)X それまでの内容を受けてその結論を述べている。Y 文末に着目し、「明確である」にかかる語を選択する。
(5)――線部②と設問文をしっかり読み、「開放感」「五十音図」の語から三つの音の共通性を検討する。
(6)本文の構成をまずはおさえたい。最初に母国語の脳に与える影響を述べたあと、「ただ」以降で日本と英国圏の風土の違いがことばに与える影響を述べている。そして最後は、「こうして」以降で風土や意識、身体感覚と結びついたことばが、母国語として人々が情感で共鳴し合えるものとなると結論付けている。最後のまとめに関する設問であるので、最終段落に着目すること。

Step C 解答

本冊▼64～69ページ

1
(1)エ
(2)一般の社会の「役に立つ」ということ(17字)
(3)例科学者が研究に対して社会的責任を持とうとせず、知識のための知識だけを追求していると、一般の社会に負の影響を与える可能性があるという問題。(68字)
(4)エ
(5)例私は科学者が研究成果を開示・報告する一方で、一般社会もその内容を検証し、負の効果を減少させることに協力しなければならないという筆者の主張に賛成である。なぜなら歴史が示すように科学者が研究成果を抑制することは困難であったし、その成果は人類に重大な影響を与えるので、一般社会も無関心ではいられないからである。つまり、これからの科学は専門家と一般社会が共生して進むべき方向性を決定する必要があると考える。(199字)

2
(1)ⓐウ ⓑア
(2)無意識
(3)エ
(4)例初めは「イエス」のしぐさであるあいづちを打っておきながら、いざ契約する段階になると首を横に振る「ノー」のしぐさをする点。
(5)例相手を論理で納得させようとするだけではなく、暗黙の了解により相手の感情をいたわりながら生きている。

解説

1
(1)筆者は、科学の独立性と公的な援助の二つの観点から科学の歴史を解説している。**ア**は後半が誤り。**イ**は公的な援助の点に触《ふ》れられていない。**ウ**は「初め」「やがて」という展開ではない。
(2)「効用」の言葉の意味をおさえる。本文では「役に立つ」ということである。
(3)「深刻な問題」の具体例として二つあとの段落より「マンハッタン計画」の顛末《てんまつ》の記述があり、この内容を、指示された語句を使いながらまとめる。指示された語句の本文中での使い方に留意し、前後の内容にも着目すること。
(4)前提として、筆者は科学者の倫理的側面を問題視していることをおさえる。**ア**は「経済的利益」、**イ**は「二十世紀になって解消された」、**ウ**は「芸術家には必要ない」がそれぞれ誤り。
(5)設問の意図を充分理解すること。「筆者の主張に対してあなたの考え」であるから、賛否《さんぴ》を示す必要がある。解答の基本形式は次のとおり。
①筆者の主張を簡潔にまとめる。
②①に対する自分の意見とその理由。
③まとめ
具体的には、

「私は○○という筆者の主張に賛成(反対)である。なぜなら△△だからである。つまり□

□□は××であると考える。」のように書く。

2

(2)——線部①の直後に「(しぐさとは)なにものかであり」とある。そして続く段落で「しぐさ」がもつ「なにものか」についての考察が続いている。この文脈をおさえたうえで、本文中の「無意識」という言葉に着目する。

(3)「特異性」＝物事に備わっている特殊《とくしゅ》な(特徴《とくちょう》的な)性質。筆者は「日本人の身振り」の「特異性」を指摘《してき》しているのであって、その優劣《ゆうれつ》を問題にしてはいないことをおさえたうえで選択肢《せんたくし》を検討する。**ア**は「伸ばしていかなければ」、**イ**は「優秀性」、**オ**は「改めていかなければ」が、いずれも優劣を問題としているので誤り。**ウ**はやや迷うが、筆者は「孤立性」については言及《げんきゅう》していないし、「孤立」も優劣の内容を含《ふく》む言葉であるので誤り。

(4)——線部③の前の段落に外国のビジネスマンと日本のビジネスマンとの商取り引きにおける具体例が示され、それを受けている。この内容をまとめるとよい。

(5)——線部④の直前の「論理の世界」「感情に基づく社会的表現」がヒントとなる。この両者を「巧みに組み合わせることで」「私たちは生きている」とするのが筆者の主張であることをおさえたうえで、「巧みに組み合わせる」ことの内容を明らかにしながらまとめる。

ここに注意

1 (5)**自分の意見を述べる場合、「二百字」という字数は必ずしも多くはない。そのため、簡潔な文章を心がけ、自分の考えがはっきりと読み手に伝わるよう意識する。**

また考えを問う問題では、賛否自体が採点の対象になることはないが、論説文の場合、専門的な知識が必要となる場合もあるので、安易に反対の立場をとらないよう注意すること。反対の立場をとる場合は、日《ひ》頃《ごろ》から関心があることや、ある程度の知識があることなどで、筆者の考えと異なる場合のみとしたほうがよい。

基本的には賛成の立場で筆者の考えをまとめながら解答するのが無難である。

11 詩

Step A 解答

本冊▼70・71ページ

1
(1)体言止め
(2)A 慈愛の深さ(5字)
B 凝視の確かさ(6字)(順不同)
(3)ア
(4)イ

解説

1 (2)この詩は第一連が「犬と猫」の名前、第二連が「草の名前」、第三連が「虫の名前」についての内容であり、第四連でそれらが「幸福な名前」であると締《し》めくくられている。よって、第四連を探すと適切な言葉が見つかる。

(3)**ア**の「人々の生活の中でつけられた呼び名」が、それぞれの草の名前と「幼な遊びの手と手が／しっかりつかまえた草の名前」という記述と合う。

(4)□の直後の「寄り合った」とは、「いとしいもの」や「小さなもの」が「慈愛の深さ」や「凝視の確かさ」と「結ばれ」て「幸福な名前」がつけられることを指しているので、名前とそのものが密接であることを表す言葉を選ぶ。「じかに、ぴったりと」という意味の**イ**「ひたと」が適切。

Step B 解答

本冊▼72・73ページ

1
(1)例ゆっくり
(2)イ
(3)銀色の道(銀の細道)
(4)まぼろし遊び
(5)エ

2
(1)イ・擬人法
(2)形容動詞・一日が
(3)今日
(4)そよかぜのやうに
(5)エ

解説

1 (2)一見相反する「ジグザグ」と「急ぐ」両方の条件を満たす選択肢は**イ**のみ。

(3)蝸牛の通った跡を、詩ではどう表現しているかを読み取る。

(4)「空想」に注目して、同じ意味の表現を詩の中から探す。直前の「そこで」が指す内容も踏《ふ》まえて考える。

(5)情景描写は具体的である。**ア**・**ウ**はすぐに適切でないとわかる。詩の絵画的な表現から描《えが》かれた状況《じょうきょう》が思い浮《う》かぶので、童画的と判断する。

2 (3)鑑賞文一行目に「東の空が……明けてくるとき」「新しい一日」とあることに注目する。

(4)二箇所《かしょ》の[B]に続く言葉はそれぞれ「軽やかに」「優しく」であることから判断する。

(5)鑑賞文の最終段落に「世の人々すべてへ宛てた詩人の祝福の気持ち」とある。

12 短歌

Step A 解答

本冊▼74・75ページ

1 (1)ウ　(2)ウ　(3)砂うごくかな（6字）　(4)なんと小さ　(5)細みずに・うれいなりけり　(6)人のほんの

解説

1 (1)「かなし」に漢字をあてると、古語では、「悲し」「哀し」「愛し」などがある。あとの文中でこの歌について、「愛の滲みでた歌」とあることから、ここでは「愛し」があてられる。

(2)文中に「放心したような法悦にも似た無心のひととき」とある。そういった心境にふさわしいのは、「われを忘れて立ちつくす」の**ウ**である。

(3)茂吉の目は何に注がれているのか。水が湧くところの、かすかに動く砂である。そこに心動かされていることが、「かな」という詠嘆《えいたん》の終助詞に示されている。そして、筆者もその部分に「新鮮なおどろき」を感じたのである。

(6)単に説明しているところならば、「人はつまらぬことを……」という一文もあるが、「最も具体的に」とある点がどちらを選ぶかというときの決め手になる。

Step B 解答

本冊▼76・77ページ

1 (1)主観　(2)エ　(3)ウ　(4)aア　bエ　cイ　dウ　(5)例夕暮れの美しさは秋が一番だ（13字）

解説

1 (1)前の「客観的に存在するものではなく」に注目する。

(2)文脈から「(人によって)それぞれ異なる」という意味を表す選択肢《せんたくし》を選ぶ。

(3)感じ方の違《ちが》いの例として、そのあとの話が取り上げられている。前提として「満天の星空は美しい」という筆者の美意識をおさえる。

(4)まず自分の考える春・秋の風景を思い出し、自分のなかで比べ、自分なりの美しさを確認したうえで、あらためて比較《ひかく》検討するという文脈にする。

(5)歌意は、「春の山のふもとまでかすんで見える水無瀬川の景色を見ると、夕暮れの美しさは秋が良いなどとどうして思っていたのだろう。春の夕暮れだってこんなにすばらしいではないか」。[X]には和歌の中の「夕べは秋と」を言い換《か》えた表現が入る。

13 俳句

Step A 解答

本冊▼78・79ページ

1 エ

2 ア

3 (1)ⓐ古都　ⓑ記　(2)（芭蕉）ゆかし（蕪村）や　(3)風情　(4)しかし〜いる。

解説

1 各句の季語は、**ア**「初桜」（春）、**イ**「きりぎりす」（秋）、**ウ**「大根」（冬）、**エ**「日焼」（夏）。

2 各句の季語は次のとおり。**ア**「初暦」（新年）、**イ**「去年今年」（新年）、**ウ**「雪」（冬）、**エ**「初雪」（冬）。これらのうち、**イ**の季語も新年であるが、設問の「改まった気持ち」にはあてはまらない。

3 (2)「ゆかし」は古語で、シク活用の形容詞の終止形であることから、ここで意味が切れている。蕪村の句は切れ字「や」が使われている。

(3)具体的には前の文の「好奇の目ではなく」「さりげなく」「余裕を持った」美を指すが、この段落には設問の指示にふさわしい熟語はない。よってさらにこれより前の段落から探すことになる。

「風情」＝味わいのある様子。

(4)筆者による「ゆかし」の説明を具体的に記している部分を探す。

Step B　解答　本冊▼80・81ページ

1 イ

2 エ

3 ウ

4 (1)旅に病でなほかけ廻る夢心　(2)エ
(3)いまや生死の一大事にこそ思いをひそめるべきである（24字）

解説

1 水と花菖蒲を対比させているので、ウ・エは間《ま》違《ちが》いだとわかる。「こんこんと」は水がわき出している様子を形容する語句で、水の流れを表すものではない。よってアも適切でない。

3 選択肢《せんたくし》のキーワードを比較《ひかく》検討する。ア「失速感」、イ「上昇感」、ウ「空白感」、エ「躍動感」であるが、イ「上昇感」、エ「躍動感」は「雲雀落ち」とあることから除外できる。直前の「頂点に達したあとふいに途切れて終わってしまう」と選択肢後半の内容からウを選択する。

4 (1)句であるから、どの位置に、何音の語を付け加えるかが問題である。「病中吟」の句の中で、——線部①と対応する表現は何かを考える。
(2)死の床《とこ》でなお「発句の推敲」をしていることがヒント。芭蕉にとって「夢」とは句作を究《きわ》めることだと考えられる。
(3)「仏心」とは、死を前にして死について思う心であり、「魔心」とは、現世でどうしようもなく自分をかりたてる心である。設問は、死に近いときに本来どうあらねばならぬかということである。

Step C　解答　本冊▼82〜85ページ

1 (1)ウ　(2)イ
(3)c 落ち葉をいそぐ（7字）
d たぢたぢと（5字）
（別解）たぢたぢとなりにけり（10字）
(4)①体言止め
②〈季節〉秋
〈季語〉A 秋空　C 露の玉
③B や　C けり

2 (1)A よる　B ゆうぐれ　C つとめて
(2)X 例 蛍の光　Y 例 恋心
(3)例 霞に隔てられた遠い昔を思うきっかけが、恋の象徴である若菜を摘む人を眺めたことだったから。
(4)例 春とともに芽生え、四季の始まりとなる若菜へ恋する心の躍動を重ね合わせる、春夏秋冬の自然風物に心情を託す詩歌の伝統手法があるから。
(5)①自然の景物から人間の心情を引き出す（技法）（17字）
②例 目にした景物からうたいだすことで、胸中のさまざまな気持ちを表すことが容易になるから。
(6)ⓓ掛詞　ⓔ枕詞
(7)例 真に語りたい人間の心情を最初から露骨に言わず、自然の景物の描写を通してその心情を引き起こすことで生まれる深い味わいのこと。
(8)ウ・オ（順不同）

解説

1 (1)大樹《たいじゅ》が伸《の》びる空の様子から思い浮《う》かぶもの。
(2)この「せまい」は、「限定した」という意味。
(3)c「感じた」とあるので、様子を表す言葉を探す。d「作者の主観の入った表現」とあるので、蟻の様子を主観的にとらえた「たぢたぢと（なりにけり）」が入る。
(4)②最もわかりやすいAの「秋空」から季節を考える。③「や・けり・かな」など、よく使われる切れ字は覚えておこう。切れ字を含《ふく》む語で句切れ、そこに感動の中心がある。

2 (2)[X]は同段落の和歌の解釈《かいしゃく》に関わる言葉なので、「袖に包んでも隠しきれない……顕《あら》われてしまうのだ」から探す。[Y]に対応する「あの人への私のあふれる思い」という記述は、どんな思いなのかを具体的に答える。
(3)——線部ⓐの前にある和歌の解釈の根拠《こんきょ》を、以下の二点をおさえて説明する。まず「若菜」があとの本文で説明されるように「恋の象徴」であること。次に「霞」が「昔を遠くへだつ」という時間の隔《へだ》たりを象徴《しょうちょう》していること。以上の二点から過去の恋すなわち「青春の日々を思い出した」と解釈できる。
(4)(3)でもふれた「若菜」＝「恋の象徴」の理由は、——線部ⓑの直後にあるが、これだけでは概説《がいせつ》にとどまるので、若菜についての具体的な説明を、――線部ⓑの三つ前の段落の内容を参考にして加える必要がある。また、――線部ⓑのあとにある「春夏秋冬の自然風物に心情を託すという詩歌の伝統手法」という内容も手がかりになる。

(5)①――線部ⓒのあとの段落の「これが興《きょう》である」のあとに端的《たんてき》にまとまっている。②先の①の解答のあとの段落で述べられている内容をまとめる。

(7)――線部ⓕのあとの説明を参考にしつつ、前後が「興は……創《つく》り出す」となっていることに注目し、(5)①でふれたような「興」の技法についての説明も盛《も》り込《こ》む。

(8)これまでの設問で確認した「興」の技法が使われているかを判断するには、その和歌の主題となる「人間の心情」は何か、それが歌中のどの「自然の景物」と対応しているかを確認するとよい。**ウ**は「このように（あなたを思っていると）さえ言うことができない。伊吹《いぶき》のさしも草のように燃える思いを（あなたは）知らないでしょう」という意の歌で、「燃える思い」が「さしも草（お灸《きゅう》に使うもぐさの原料となるヨモギ）」と対応している。**オ**は「山風が桜の花を誘《さそ》って庭に花吹雪《ふぶき》を降らせるのではなく、古《ふ》りゆく（年を取っていく）のは私自身であるなあ」という意の歌で、「老いの嘆《なげ》き」が「花吹雪」と対応している。

14 古文 ①

Step A 解答 本冊▼86・87ページ

1 (1)きょう (2)ウ (3)エ

2 (1)例十分だ (2)例人をおそれるから。
(3)ウ

解説

1 (1)エ段の音＋う（ふ）→イ段＋ょう。

(2)桜を見ようとすることが本来の目的なのに、歌に気をとられて、桜そのものを見ていなかったというのである。

(3)文脈から肯定《こうてい》的にとらえていることをおさえ、選択肢を判断する。

重要古語チェック

・をこがまし＝ばからしい。
・をかし＝心ひかれる。興味深い。

2 (1)不足なし→足りないことはない→足りている、の連想から、さらに「十分」という言葉を導き出したい。

(2)直後の接続詞に着目し、「人をおそるるがゆゑ」をおさえる。

(3)最後の一文に着目したうえで選択肢を判断する。**ア**は「訪れる動物」、**イ**は「人々の尊敬を集める」がそれぞれ誤り。

現代語訳

ただ（私の住んでいる、このような）仮の庵《いおり》だけが、のどかで心配がない。（広さは）狭《せま》いとはいえ、夜横になる床もあり、昼間に座る場所もある。自分一人の身を置くのに十分だ。ヤドカリは小さな貝を好む。これは身の程を知っているからである。みさごは荒磯《あらいそ》にとまっている。つまり、人を恐《おそ》れるためである。私もまた（ヤドカリやみさごと）同じことである。身の程を知り、世間を知っているので、（無益なことを）願わず、あくせくしない。ただ静かな暮らしを望み、悩《なや》みのないことを楽しみとする。

重要古語チェック

・臥す＝横になる。寝《ね》る。
・ゐる＝座る。
・ゆゑ＝理由。

Step B 解答 本冊▼88・89ページ

1 (1)葉月 (2)おおく (3)ⓑ
(4)ア (5)をかし

2 (1)おかし
(2)イ (3)ア・イ

3 (1)ア (2)例簡単に済み
(3)例あらかじめ予想したとおりにならないこと。

解説

1 (3)ⓑ以外は筆者（清少納言）の動作。現代語訳を参照のこと。

(4)「あはれ」は感動を表す言葉。筆者が何に心を動かされているかを考える。賀茂神社に参拝したときは早苗《さなえ》取りを見たが、もう稲刈りの季節になったのだなあと驚《おどろ》いている。

(5)――線部④の直前の「穂をうち敷きて並みをるもをかし」に着目する。

○現代語訳○

八月の下旬ころ、太秦《うずまさ》にある広隆《こうりゅう》寺に参るといって出かけてみると、穂が伸びている田に人が大勢集まって騒いでいるのは、稲を刈るのに違いない。（古歌にも）「早苗を取っていたのにいつの間に……」という和歌があるが、本当につい先ごろ賀茂神社に参拝した時に（早苗取りを）見たが、もう稲の刈り入れの時期になったのだなあと思った。今回は男たちが、ずいぶん黄金色の稲で根本が青い稲を持って刈り取っている。何か道具を使って根本を切る様子は、簡単そうで、（私も）やってみたいというふうに思うことだ。どうしてそのようにしているのだろうか。穂をずっと並べ（男たちが）並んで座っているのがおもしろい。粗末な小屋の様子も（おもしろい）。

☑重要古語チェック

・つごもり＝下旬。　・いと＝とても。
・詣づ＝参拝する。　・あはれ＝趣《おもむき》が深い。

2

(1)枕草子は「をかしの文学」、源氏物語（作者紫式部）は「あはれの文学」と評価されている。

(2)――線部②の直訳は「いつの間にかこのようになってしまった」であるが、本問では「このように」の内容が問題となる。前文の「暑苦しくて、脱いでしまいたいくらいだったのに」という文脈と考え合わせて選択肢《せんたくし》を検討する。

(3)第二段落で「こぼれ落つる、いとあはれなり」とあるので、イはすぐに選択できる。ウ・エに該《がい》当《とう》する記述は十月の内容にはない。

○現代語訳○

八、九月ごろに雨にまじって吹く風は、大そう趣がある。雨が横降りになるほど騒《さわ》がしく風が吹《ふ》いているときに、夏中通して着ていた綿衣が何かにかかっていたのを取って、生絹の単衣と重ねて着ているのは、とてもおもしろい。この生絹の単衣さえ実にわずらわしく暑苦しく、脱《ぬ》ぎ捨てたいぐらいだったのに、いつの間にこんなに涼しくなっていたのだろうか、と思うのもおもしろい。夜明け前に格子や妻戸《つまど》をおしあけると、嵐《あらし》がさっと顔にしみるのは、たいそうおもしろいことだ。

九月の下旬から、十月のころ、空が曇《くも》って風がひどく騒がしく吹いて、黄色い葉などがほろほろとこぼれ落ちるのは、たいそうしみじみと趣がある。桜の葉、椋《むく》の葉などは、とてもはやく落ちてしまう。

十月ごろに、木立の多い家の庭は、とてもみごとである。

☑重要古語チェック

・かく＝このように。
・ども＝複数を表す。人ども→人たち、木ども→木々
・めでたし＝立派である。素晴らしい。

3

(2)文脈と表現の対応をとらえること。わづらはしかりつる事→ことなくて。やすかるべき事→心ぐるし。

(3)この問いも文脈と表現の対応に注意する。「日々に過ぎ行くさま……、一年の中も……一生の間」三つの事柄《ことがら》に共通するのは「かねて思ひつるには似ず」。

○現代語訳○

今日はそのことをしようと思うが、意外な急用がまず出てきてそのことにまぎれて一日を過ごし、待っている人は支障があって（来ず）、あてにしていない人は来、あてにしていたことはずれて、思ってもいなかったことばかりうまくいってしまう。やっかいだと思っていたことは簡単に済み、やさしいはずのことがとても心を悩《なや》ませる。毎日毎日が過ぎていく様子は、以前から思っていたこととは似ていない。一年のうちのこともこのような（あらかじめ予想したとおりにならない）ものだ。一生の間もまたそのとおりである。

前々から予期していたことが、すべて食い違《ちが》うかと思うと、たまたま食い違わないこともあるので、ますます物事は決めがたい。定めがたいことと心得ておくことだけが、本当で食い違うことがない。

☑重要古語チェック

・さはり＝支障、差しさわり。
・ことなし＝簡単である。

15 古文 ②

Step A **解答**

本冊▼90・91ページ

1

(1)かなしゅう

(2)泣きまどひて、病づくばかり思ひこが

るる
(3)ア

2 (1)くはふるところの肉
(2)うしなう
(3)ウ

解説

1 (2)子どもが死んでひどく悲しんでいる様子を指す。

(3)貫之は悲しんでばかりはいられないと、都へ帰ろうとし、記念に柱に和歌を書き付けた。したがって、**イ・ウ**は適切でない。

現代語訳

今となっては昔のことであるが、紀貫之が土佐の国司になって、任地に下っていたが、任期が終わる年、七、八歳ぐらいになる貫之の子で、何とも言えないほど美しい子を、限りなくかわいがっていたが、しばらく病気にかかって亡《な》くなったので、（貫之は）泣き乱れて、病気で伏《ふ》せるほど（子供のことを）思い焦《こ》がれているうちに、数か月もたったので、「このようにしてばかりはいられようか、都へ帰ろう」と思うと、子供がここにいてこんなことをしていたなあなどと、思い出されて、とても悲しかったので、柱に次の和歌を書き付けた。

都へ行こうと思うにつけて悲しいのは帰らぬ人がいるからである

と書き付けた歌が、今でも残っている。

重要古語チェック

・えもいはず＝何とも言えず。
・かなし＝かわいい。
・わづらふ＝病気になる。
・いみじ＝とても。はなはだしい。

2 (3)**ア**は本文の内容を要約はしているが、**ウ**のように一般《いっぱん》化し、意図を教訓としてとらえる。

現代語訳

ある犬が、肉をくわえて川を渡《わた》っていた。（川の）まん中あたりで、自分の姿が、水に映って、大きく見えたので、「自分がくわえている肉より大きい。」と思って、自分のくわえている肉を捨てて水に映った肉を取ろうとした。このようなわけで、二つとも肉を失った。

そのように、非常に欲ばりな心をもった者は、他人の財宝をうらやんで、何かにつけて欲しがるのでたちまち天罰《てんばつ》を受ける。自分の持つ宝をも失うことがあるのである。

Step B 解答

本冊▼92・93ページ

1 (1)例人もいなかった
(2)エ
(3)いかに
(4)（だれが）阿弥陀仏
（何を）鍋に煮けるもの

2 (1)①つどいて　③なお
(2)むつましきかぎりは
(3)例二度とこの地へ戻ることはないかもしれないという旅立ちの思いと、見送りに来てくれた人と別れを惜しむ気持ち。

3 (1)ⓐイ　ⓑウ
(2)らさせ給へ
(3)ア
(4)例強盗が安養の尼から盗み、逃げる途中に落とした品まで与えようとする安養の尼の欲のない心に対して、強盗なりの良心がはたらいたから。

解説

1 (2)「まゐる」は、①参拝する、②召し上がるの意味があり、本問は②の意味である。前の「かくすくひ食へば」をヒントにして、文脈から判断する。

(3)文脈で判断するとともに、動詞に着目する。「かくすくひ食へば」の食っているのは藤六。また、「人もなき所に入りて」で「入りて」の主語も藤六だが、それを指摘《してき》しているのは家の主人の妻。

(4)歌の修辞法の判断である。「すくふ」が掛詞《かけことば》（一つの言葉に二つの意味を持たせる）となっている。ここでは「救う」「（鍋から）すくい取る」の二つの意味を掛け、後者が藤六の行動を指す。

現代語訳

今となっては昔のことだが、藤六という歌詠《よ》みがいた。使用人の家に行って、人もいない時を見計らって、入っていった。鍋に煮てあるものをすくって食べていると、家の主人の妻が、水を汲んで、大通りの方から帰って来てみると、このようにすくって食べていたので、「どうしてこのように人もいないところに入ってきて、このように煮ているものを食べるのですか。ああひどいことだ、藤六さまではありませんか。それなら歌をお詠みください」と言ったところ、

　昔から、阿弥陀如来の誓いでは（罪人が）煮
　られているのを救うと聞いている

と詠んだのである。

✔重要古語チェック

・いかに＝どうして。
・うたて＝ひどい。なさけない。

2

(2)「送る」は「見送る」の意。

(3)おさえる内容は二点。句の直前に「離別の泪をそそく」とあり、親しい友人との別れを惜《お》しんでいる。もう一点は「上野谷中の花の梢又いつかはと心ぼそし」とあるのに着目する。現代とは異なる旅の困難さも考慮《こうりょ》すること。

現代語訳

　三月末の二十七日、明け方の空もおぼろげで、月は有明月で光は薄《うす》らいでいるが、富士山《ふじさん》がかすかにみえて、上野谷中の桜の枝も又いつ見られることかと心細い。親しい人々はみな前の晩から集まって、舟に乗って送ってくれる。千住《せんじゅ》という所で舟を降りると、いよいよ長い旅に出るのだなあという感慨《かんがい》が胸に一杯になって、この世は夢まぼろしの世ではあるが、別れの涙《なみだ》を流す。

　春が過ぎていく、鳥は悲しげに鳴き、魚の目
　には涙があふれているようだ

　この句を旅日記の書き初めとして旅の第一歩をふみ出したが、道はなかなか進まない。人々は道の途中に立ちならんで、後ろ姿の見えるまではと見送ってくれるようだ。

3

(1)文脈で判断する。ⓐ「居られたりける」＝「座っていらっしゃった」と敬語表現を使っていることも参考にする。

(3)「ぬし」＝「持ち主」はだれのことを指すかを考える。本来は、安養《あんよう》の尼（尼上）のものであるが、盗まれた段階で強盗《ごうとう》のものになったと尼上は考えていることに注意。

(4)やや難しい。話の展開を整理する。
①尼上のところに強盗が入り、紙の寝具だけを残し、全部盗んでいった。
②小尼公が走って来てみると強盗が盗んだ小袖を一つ落としていったので、尼上に着させようとした。
③尼上はそれを断り、小袖を強盗に渡《わた》すよう、指示した。
　この展開を受け、強盗は盗んだものを全部返したのである。「あしくまゐりにけり」という強盗の発言から、強盗は心を入れ替えたと考える。

現代語訳

　横川《よかわ》の恵心僧都《えしんそうず》の妹である、安養の尼のところへ、強盗が入った。あるものみんな盗んで出ていってしまったので、尼上は、紙で作った寝具だけを身につけて座っていらっしゃった。姉である尼のところには、小尼公というものがいたが、走って参上したところ、（強盗が盗んだ）小袖を一つ落としていたのを取って、「これを強盗は落としていきました。ご着用ください」と言って、持ってきたところ、尼上がおっしゃることには、「これも盗んだあとは、（強盗は）自分のものと思っているだろう。持ち主が承知しないものを、どうして着ることができますか。盗人はまだ遠くへはまさか行っていないでしょう。急いで（小袖を）持って行って、お返しなさい」と言ったので、（小尼公は）門の方へ走り出て、「もしもし」と（強盗を）呼び返して、「これを落とされました。確かに差し上げましょう」と言うと、盗人たちは立ち止まって、しばらく思案している様子で、「悪いことをいたしました」と言って、盗んだ品々を、すべて返し置いて帰ってしまったそうである。

✔重要古語チェック

・たてまつる＝ここでは「着る」の尊敬語。
・とく＝急いで。早く。
・けしき＝様子。顔色。
・あし（悪し）＝悪い。↔よし（良し）

16 漢詩・漢文

Step A 解答 本冊▼94・95ページ

1

(1)宿ル㆓建徳江ニ㆒
(2)江清
(3)③煙渚　④人
(4)旅愁
(5)イ
(6)ア

解説

1 (2)三句と四句が対句になっている。

(4)二句目に「客愁新たなり」とある。「客」は旅人のことである。「旅愁」とは、旅先で感じるものさびしさ。

Step B 解答

本冊▼96・97ページ

1 (1)夜 深《クシテ》 知《ル》二 雪《ノ》 重《キヲ》一

(2)A ウ B ア

(3)窓戸明

(4)雪の重み（雪の重さ）

2 (1)盈《チテ》レ科《ニ》 (2)原泉

(3)仲尼 (4)ウ

3 (1)イ (2)揚州に下る

(3)例 一そうの帆かけ船。 (4)イ

解説

1 (2)A 漢詩中の「訝り」に相当するのは、ウの「不思議に思った」。B「時に聞く」とあるので、時折聞いたということ。それだけ周りは静かだったということ。

(3)積もった雪に光が反射して窓辺が明るくなっていたため、雪が降っていることに気づいたのである。

(4)三句に「雪の重きを知る」とある。雪の重みに耐《た》えかねて竹が折れたのである。

○現代語訳○

夜雪　白居易《はくきょい》

夜中に目を覚まし寝具がたいそう冷たいと不思議に思っていたら、

窓辺が明るくなっている。ふと外を見て雪が降っていることに気づいた。

夜はふけていき、雪は随分積もったようだ。雪の重みに耐えかねて

竹の折れる音が、静寂を破って時折聞こえてくる。

2 (2)水の例における根本だから、「原泉」。

(3)徐子の発言に「孔子先生が水をほめて言う」とあるから、ほめたのは孔子先生（仲尼《ちゅうじ》）。

(4)消去法で判断する。ア水の例は評判の広まり方のたとえではない、イ「雨が降り過ぎると……」の記述は本文にはない、エ「世間の評判はうつろいやすい」「ほめられても必ず忘れられる」のいずれも本文にはない。

○現代語訳○

徐子が言うことには、「孔子先生はしばしば水をほめて『ああ、水よ、水よ。』と言われます。水のどういう点をほめたのでしょうか。」と。孟子が言うことには、「源のある水はこんこんとわき出して、昼も夜も流れ続ける。窪地《くぼち》を満たして流れていき、大海に達する。根本がしっかりしているものはこのようなものだ。孔子先生はこの点をほめたのである。もし源泉がなければ、七・八月の間、雨が集まって、田の溝がみな満たされたとしても、その雨がなくなってしまうのは、あっという間である。だから評判が実際以上にいいことは、徳の高い立派な人物はこれを恥じるのである。」と。

3 (3)「孤」に着目する。「孤独」などの熟語から意味を判断する。

(4)「故人」とは古くからの友人のこと。

○現代語訳○

黄鶴楼《こうかくろう》にて孟浩然《もうこうねん》の広陵《こうりょう》に旅立つのを見送る　李白

古くからの友人が、西をめざし、黄鶴楼を去って、花の煙る三月、揚州に下る。

たった一つの船かげが青い空との境に消えていき、ただ、揚子江《ようすこう》が天との境に流れていくのを見るだけだ。

Step C 解答

本冊▼98～101ページ

1 (1)いうようなる (2)二

(3)命を惜しまず

(4)例 大根が何にでもよく効く薬であること。（18字）

(5)例 大根が兵士になって現れ、押領使の危ないところを救ったこと。

(6)日ごろ～人ぞ。

(7)兼好法師・鎌倉（時代）

2 (1)ア
(2)エ
(3)ウ
(4)④ウ ⑦ア
(5)ⓒ
(6)ウ
(7)ア
(8)ウ

(9) エ

3

(1) 胸騒ぎしける

(2) 骨肉情の深きに至る

(3) 例 曾参の友人をもてなすこと。

(4) 例 母が息子の曾参に帰ってきてほしいと思ったからしたこと。

(5) 例 親子の情が深いため、母が自分で嚙んだ指の痛みが、遠くにいる曾参に通じたから。（38字）

解説

1 (2) 「館の内に兵二人出で来て」とあるのに着目する。

(3) 主語は直前の「見ぬ人々」。「見ぬ人々」＝「兵《つわもの》二人」であることをおさえる。

(4) 「頼みて」いたことは、「土大根を万にいみじき薬とて」である。

(5) 「年ごろ頼みて、朝な朝な召しつる土大根らにさぶらふ」という言葉に着目し、話の内容を把握《はあく》する。

現代語訳

筑紫の国に、なんとかいう押領使《おうりょうし》などという役割をする者がいたが、大根を何にでもよく効く薬だといって、毎朝二本ずつ焼いて食べることが、長年の習慣となっていた。あるとき、館内に人がいないすきをねらって、敵が襲《おそ》って来て（館を）包囲し攻《せ》めたときに、館内から兵士が二人出てきて命を惜《お》しまず戦って、敵を皆《みな》追い返してしまった。（押領使は）とても不思議に思われて、「普段《ふだん》はここに仕えていらっしゃるとは見えぬ方々ですが、このように戦いなさるのは、どなたですか。」と問うと、「（あなたが）長年信じて、毎朝召し上がった大根でございます。」と言って消えてしまった。深く信心したので、このような恩恵《おんけい》があったのであろう。

重要古語チェック

・覚ゆ（覚えて）＝（自然に）思われる。

・年ごろ＝長年。（※「月ごろ」＝何ヵ月もの間。）

2 (2) 「博打《ばくち》（打ち）」のあとの行動に注目すると、「我に物を得させ給へ」と要望し、その後「尼」が法衣を与《あた》えると「急ぎて取りて去ぬ」とあるので、尼をだまして何かを得ようとしていたものと考えられる。

(3) **ア**は「お会いしたいと思っていたのが自分だけでない」とあるが、「博打」が「地蔵」に会いたがっていたとは書かれていない。**イ**は「この同じ道をお歩きになったことがある」が誤り。「博打」が地蔵の歩く場所へ連れて行くのはこのあとである。**エ**は「博打が……地蔵菩薩の化身《けしん》」が誤り。地蔵の化身となったのは「童」である。

(4) ④「やがて」は「すぐに」、⑦「え〜ず（打ち消しの語）」は「〜できない」と訳す。

(5) すべて「童」の「じぞう」を指すように思われるが、「博打」が「尼」をだまそうとして発言しているCにおいては、言葉上は「地蔵菩薩」の意味を持つことに注意する。

(6) 直後の「などこの童を見むと思ふらむ」＝「どうしてこの子どもを見ようと（尼は）思うのだろう」がポイント。「親ども」は「尼」が「地蔵菩薩は暁ごとに歩き給ふ」と聞いてやってきたことを知らないのである。

(7) 「是非も知らず」は「我を忘れて」という意味。ずっと会いたかった地蔵菩薩に会えたと思っているので興奮《こうふん》している。また、**ア**以外は「尼」が「地蔵」でなく「童」が現れたことに気づいているという説明だが、その事実は本文から読み取れない。

(8) 「尼」は「童」を通して地蔵菩薩に会えたことで極楽へ参上できた。**ア**は「博打をこらしめる」が本文中にない。**イ**は「童を使いとして送り」が誤り。「童」は額をかくとき「手すさびのやうに」しているので、地蔵菩薩の存在を認識しているとは考えにくい。**エ**は「尼から衣を供養された地蔵菩薩」が誤り。法衣をもらったのは「博打」である。

(9) (7)と(8)でふれたように、「尼」は地蔵菩薩に会えたと信じており、その信心ゆえに極楽に行くことができたのである。アは「ひどい目に合う」が誤り。たしかに「尼」は「博打」に法衣をだまし取られているが、結果的に地蔵菩薩に会うことができているので「ひどい目」に合ったとはいえない。**イ**は「時には嘘をつくことも必要」が誤り。「博打」が嘘をついたのは、自分が得をするためであり、「尼」を幸せにするためではない。**ウ**は「供養することが肝要」が誤り。「供養」とは仏などに捧げものをすることだが、「尼」が法衣を与えたのは地蔵菩薩ではなく「博打」である。

現代語訳

今となっては昔のことだが、丹後の国に年老いた尼がいた。地蔵菩薩が明け方ごとに歩かれるということを、（その尼は）少し聞いて、明け方ごとに地蔵を拝見しようと、あたりを歩き回っていると、博打に夢中になっている者が（歩き回る尼の姿を）見て、「尼君は、寒いのに何事をしていらっしゃるのですか」と言うと、（尼は）「地蔵菩薩が明け方に歩かれるので、お会い申し上げようと思って、このように歩いているのです」と言うと、（その博打打ちが）「地蔵がお歩きになられている道を、私は知っていますので、さあいらっしゃい、会わせ申し上げましょう」と言うので、（尼は）「ああ、喜ばしいことです。地蔵様がお歩きになられる所へ、私を連れて行きなさってください」と言うと、（博打打ちは）「私に物（ほどこし）を与えてください。すぐにお連れいたしましょう」と言ったので、（尼は）「この着ている法衣を差し上げましょう」と言うと、（博打打ちは）「さあいらっしゃい」と言って、隣にある所へ（尼を）連れて行く。

尼は喜んで急いで（ついて）行くと、（行く先の）そこの子に、じぞうという（名前の）子がいたのだが、（博打打ちは）その（じぞうの）親を知っていたので、「じぞうは（いますか）」と尋ねたところ、（その）親は「遊びに行っています。すぐに（帰って）来るでしょう」と言うので、（博打打ちが、）「ほら、ここです。地蔵のいらっしゃる所は」と言うと、尼は嬉しくて、紬織《つむぎおり》の法衣を脱いで与えると、博打打ちは急いで受け取って行ってしまった。

尼が、地蔵を拝見しようとして（その場に）留まっていたので、親たちは理解せず、どうしてこの子どもを見ようと（尼は）思うのだろうと思ううちに、十歳ぐらいの子どもが来たのを（見て）、（親が）「ほら、じぞう（ですよ）」と言うと、尼は、見るやいなや我を忘れて、転げまわりひたすら拝み込《こ》んで、地面に身を伏せてしまった。子どもは、細い枝を折ったもので遊びながら（帰って）来たが、その枝を使って、手慰《てなぐさ》みのように額をかいたところ、額から顔の上（のあたり）まで裂《さ》けてしまった。（すると）裂けた中から、言葉では言い表せないほど見事な地蔵のお顔がお見えになる。尼が拝み込んで見上げると、（地蔵が）このようにしてお立ちになっているので、（尼は）涙を流して拝み込み申し上げて、そのまま極楽へと参上してしまった。

3

(1)母が指を嚙んだあとに、子どもが「心痛」むのである。

(3)文脈をたどればよい。「これをもてなしたく思へども……かなはず」と続いていることから、「これ」の指す内容をとらえる。

(4)「曾参が帰れかしとて」とある。

(5)母が指を嚙んだから、というだけでは本文の趣《しゅ》旨《し》をとらえたことにはならない。古文の末尾にある親子の情についての記述をもとにして、母の指の痛みが曾参に伝わったのは、親子の情が深いからであるということを読み取る。

現代語訳

《漢詩》母が指を少しばかり嚙んだ。子どもは心が痛んでたまらない。薪を背負って帰るのが待ちどおしい。肉親の間では、情が深いところに達するものだ。

《古文》曾参があるとき、山中へ薪をとりに行きました。母が留守番をしているところへ、（曾参の）親しい友人がやってきた。彼《かれ》をもてなしたいと思うが、曾参は家にいないし、もともと家が貧しいので、もてなすことができず、曾参よ帰ってくれと、（母は）自分の指を嚙んだ。曾参は、山で薪を拾っていたが、急に胸騒《むなさわ》ぎがしたので、急いで家に帰ったところ、母は、ありのままを詳《くわ》しく話しました。このように、（母が）指を嚙んだのを、遠くにいる子供が反応するのは、とりわけ親孝行で、親子の情が深い証拠《しょうこ》である。

総合実力テスト　第1回

本冊▼102～105ページ

解答

1

(1)市の博物館の呼びかけに応じて参集した東北地方の生き残り（27字）

(2)Ⓐ日本　Ⓑアメリカ（合衆国）

(3)ⓐア　ⓑエ

(4)ⓒア　ⓓウ

(5)ウ

(6)涙（なみだ）

(7)例故国を出てから七十数年、処分命令

や火災をくぐり抜けて生きてきた事を感慨深く思っているから。(45字)

2
(1)長野県
(2)例明日の正午前後に男の姿をした観音が湯浴みに現れるという夢。(29字)
(3)例夢のお告げのとおりの男が湯浴みに現れたので、この男が観音の化身であると確信したから。(42字)
(4)イ
(5)ア

解説

1 (1)エリザベスは人形であり、その人形に関する経緯は第二段落以降で述べられているため、その内容をおさえるのが最初の作業になる。同窓会に参集した者の説明は、最後から四番目の段落にある。

(3)副助詞「ばかり」の主な用法は次の三つ。①程度…千円ばかり貸してくれないか。②限定…遊んでばかりいる。③動作が完了して間もない状態を表す…試合は終わったばかりだ。
ここから、設問のⓐは限定、ⓑは動作が完了して間もない状態を表していると判別できる。

(5)あとに「頬笑みかけている」とあるので、顔が見える様子で帽子をかぶっていることがわかる。また、「あみだ」とは阿弥陀如来《あみだにょらい》のことで、阿弥陀如来が光背《こうはい》を後ろに置くように、帽子の前を上げ、後ろに傾けて額を見せてかぶっている様子を表している。「あみだかぶり」ともいう。

(6)「目露」を「目の露《つゆ》」と考える。前段落の「目のなかに、ぽっちりとちいさな光が宿る」もヒントとなる。

(7)エリザベスという人形が擬人《ぎじん》化され、語られていることを踏《ふ》まえつつ、エリザベスが七十二年ぶりの同窓会に出席したあとの夜であることから考える。最後から四つめの段落の、「いずれも多難な……同窓会であったろう」もヒントとなる。

2 (2)二行目「夢に見るやう」のあと『あすの午の時に……知りたてまつるべし』」までが夢の内容。この内容を指定字数に従ってまとめるが、①明日の午の時、②男の姿をした観音が、③湯浴みにやってくる、という内容を必ず入れること。

(3)「ただこの夢に見えつるに露違はず見ゆる男」「何彼にいたるまで、夢に見しに違はず」に着目。

(4)消去法で判断する。**ア**は「僧に説教され」という記述はない。**ウ**は男は落馬して、折った右腕の湯治にやってきたが、治すために「出家するしかない」という記述はない。**エ**は「殺生の罪が許され往生できる」という記述はない。人々が自分をあがめる様子におされる形で、自分を観音の化身と思う、という展開である。

(5)文脈で判断する。人々があまりにも観音とあがめるので、男は狩人《かりうど》をやめ、出家を決意する。そのような男を見て、観音と信じる人々の心情・行《こう》為《い》を推測すると、**ア**しかない。

現代語訳

今となっては昔のことだが、信濃の国筑摩の湯というところに、いろいろな人が湯浴みをする薬湯があった。その辺りの人が夢に見たことには、「明日の正午前後に、観音が、湯浴みなさるでしょう」と言う。「どのようなお姿でいらっしゃるのでしょう」と尋《たず》ねると、答えることには、「年のころは三十ぐらいの男で、髭《ひげ》が濃《こ》く、あやい笠をかぶり、黒く漆《うるし》で塗《ぬ》ったやなぐい、革で巻いた弓を持って、紺の襖《あお》を着た男が、夏の鹿《しか》の毛のむかばきをはいて、葦毛《あしげ》の馬に乗って来るでしょう。それが観音とお思い申し上げなさい」と言うのを見て夢が覚めた。

驚《おどろ》いて、夜が明けて、人々に（夢の内容を）告げると、人々は伝え聞いて、その湯に集まることは、数に限りがない。湯を換《か》え、周りを掃除《そうじ》し、しめ縄《なわ》を引き、花やお香《こう》をお供《そな》えして、皆《みな》集まって、お待ち申し上げた。

ようやく正午過ぎて、午後二時くらいになるころに、全くこの夢に見えた男と少しも違《ちが》わずに見える男で、顔よりはじまって、着ているもの、馬、何から何まで、夢に見たのと違わない。皆、すぐに立ち上がり、礼拝した。この男は、大変驚いて、納得《なっとく》できなかったので、皆に尋ねたけれども、ただ拝みに拝むばかりで、それに答える人はいない。（その中に）僧がいて、手をすり合わせ、額に当てて一心に拝んでいる（その僧の）ところへ寄っていって、「これは、どうしたことですか。自分を見て、このように拝みなさるとは」と、少しなまりのある声で尋ねた。この僧が、ある人の夢で見た経緯《けいい》を語ると、この男が言うことには「自分は、先日、狩りをして、馬から落ちて、右の腕を折ってしまったので、それを湯で治療《ちりょう》しようとして、やってきたのです」と言って、あっちこっち行き来するうちに、人々は、その後ろについて、拝み騒《さわ》ぐ。男は、困惑《こんわく》して、「私は、それならば観音の化身《けしん》なのだろう。それならいっそのこと（出家して）法師になろう」と思って、弓、やなぐい、太刀《たち》、刀を捨て、法師になった。このような（男の）様子を見て、皆は、涙を流して感動した。

重要古語チェック

・おはします＝いらっしゃる。
・やうやう＝①ようやく。②だんだん。

総合実力テスト　第2回

本冊▼106～109ページ

解答

1 (1)違っている　(2)実用　(3)イ
(4)例ことばは、人と人との間に結ばれた約束事であり、共有物だから。
(5)例②旧人にはシンボル体系がほぼ欠けていたと推測される理由。
例③シンボル体系。
(6)例人工環境に慣れ、自然に対する感覚を失っていること。
(7)例現代人の脳は、人間の身体から自然を排除していること。(26字)

2 (1)駆け足であがり。　(2)ウ
(3)D　(4)B

3 (1)決→欠　謝→誤
(2)来られる（いらっしゃる・お越しになる）
(3)ア
(4)例しかし、省略することで、本来の意味がわからなくなってしまう（29字）

解説

1 (1)第三段落の「これはもう……違っている」に注目。骨が違っているなら、中身も違っていていいという文脈。
(2)「新人」と「旧人」の違いに関する説明に注目。第四段落の「要するに……あまりなかったと思われる」とある。Aは、「旧人」についての説明である。
(3)Bの前文の「それ」が指す内容をおさえる。直前の段落に「自然への感覚をほとんど失っている」とある。「いまの人」に対応する語が「不在」であるから、昔の人に対応する語はその対義語である、「実際に存在する」という意味のイとなる。
(4)直前の段落の「約束事で成立するもの」に注目。言葉はこの「約束」で成り立っている。
(5)②直前の一文「なぜわかるか」を受けていることに注目。③あとに続く「関する遺物」がヒントとなる。
(6)同じ段落を見ると、「それ」は脳だけでなく、骨でも同じことだという文脈なので、脳と骨に共通することをおさえる。
(7)「家畜の骨」とは自然を排除《はいじょ》した人間の身体であり、「野蛮な脳」とは自然を排除していない脳のことである。

2 (1)あとに続く「根が吸い上げたものが樹木の内側を……」から判断する。
(2)消去法で検討する。アは「関連していかない」、イは「季節の変化」、エは「聴覚に関係する」がそれぞれ誤り。
(3)Dの「落とし終え」「還せり」は樹を擬人《ぎじん》化した表現。
(4)Bは雨に濡《ぬ》れたわかわかしい青葉の色に作者は感動している。「我れを忘るも」の「も」は感動・詠嘆《えいたん》を表す。

3 (2)誤った表現が「来るの」であるからこれを敬語表現に直せばよい。
(3)エの意味で使われているのをよく見るが、これが誤り。「役不足」は、①俳優《はいゆう》などが与《あた》えられた役に不満を抱《いだ》くこと、②その人の能力に比べて、役目が不相応に軽いこと。
(4)良い点に対して悪い点を答えればよい。「接続詞を用いて」という指示に従い、逆接の接続詞を用いる。「短く言い表す」点に対してどんな悪い点が考えられるか。

総合実力テスト　第3回

本冊▼110～112ページ

解答

1 (1)ウ
(2)

小学生	の	ころ	は	おなじみ	の	遊び	だっ	た
名詞	助詞	名詞	助詞	名詞	助詞	名詞	助動詞 連用形	助動詞 終止形

(3)例「きみ」がグーを出すのをやめて要

領よく勝ち進もうとすること。（30字）

(4)お姉さんは、チョキしか出していない（こと。）（17字）

(5)例ゆっくりと確実に物事をすすめることが自分らしいということ。（29字）

2

(1)医学の知識（医術の心得）

(2)例治らない病気はなかった

(3)例失った馬を取り戻すのに藤のこぶを煎じて飲んでも効果があるとは思えなかったから。

(4)例在家人は僧の教えの通り、病気になるたびに藤のこぶを取って薬として飲んでいたから。（40字）

(5)イ

解説

1 (1)消去法で検討する。**ア**は「気持ちが高ぶって」が誤り。**イ**は「不快に思い」が、お姉さんの一連の行動から考えて誤り。**エ**は「罪の意識」「ごまかそう」が誤り。

(3)前の「グー出すの、やめたの?」に対応している。「グー出すのをやめ」るということは、要領よく勝ち進もうとすることになる。

(5)自己嫌悪《けんお》に陥《おちい》っている「きみ」に対するお姉さんの言葉「ゆっくりでいいじゃん」に着目し、この言葉の「きみ」にとっての意味を考える。

2 (1)どんな病気に対しても「藤のこぶを煎じて召せ」とあることから考える。

(2)「ざる」は打ち消し（否定）の助動詞「ず」の連体形。

(3)いなくなった馬を見つけるのは病を治すこととは違《ちが》うので、同じ方法が通用するとは思えなかった、という主旨の内容が書けていればよい。

(4)何を何のために「取り尽くし」たかを考える。

(5)ア・イで迷うが、古文の冒頭《ぼうとう》に「ある在家人、山寺の僧を信じて」とあるので、**イ**が正解。

○現代語訳○

ある在家人が、山寺の僧を信じて、俗世間のことも仏道のことも深く頼《たの》みにしており、病気になることがあれば薬までも相談していた。この僧は、医学の知識はなかったので、すべての病気に、「藤のこぶを煎じて召し上がりなさい」と教えた。これを信じて飲んでみると、治らない病気はなかった。

あるとき、馬を失って、「どのようにいたしたらよいでしょう」と相談すると、いつものように「藤のこぶを煎じて召し上がりなさい」と言う。（在家人は）納得《なっとく》しがたかったけれども、理由があるだろうと信じて、あまりにも（藤のこぶを）取りつくしていたため近くにはなかったので、山の麓《ふもと》を訪ねると、谷のほとりで、いなくなった馬を見つけたのだった。これも（僧への）信頼《しんらい》が招いたことである。